Wolfgang Schnepper

Fußball: Aufstieg aus der Kreisliga leicht gemacht

Wolfgang Schnepper, Jahrgang 1964, Diplomsportlehrer,
Ex-Bezirksligaspieler im Fußball,
Fußballabitur mit der Note "sehr gut"
1988-89 in der deutschen Triathlonspitze,
1990 Bayerischer Meister im Body-Building,
1998 Konditionstrainer im bezahlten Fußball
2003 - 2006 Sportlehrer an einer Gesamtschule

Bibliografische Informationen der Deutschen
Nationalbibliothek: Die Deutsche Nationalbibliothek
verzeichnet diese Publikation in der Deutschen
Nationalbibliografie; detaillierte bibliografische Daten sind
im Internet über http://dnb.d-nb.de abrufbar.

Herstellung und Verlag: BoD – Books on Demand
Norderstedt
Satz und Layout: Wolfgang Schnepper

ISBN   978-3-7557-8042-7

Inhalt

Vorwort

Mit sehr einfachen Trainingsübungen und anderen diversen Maßnahmen können Sie mit einer durchschnittlichen Kreisliga-Mannschaft aus oder innerhalb der Kreisligen aufsteigen. Trainerinnen und Trainer brauchen sich hierbei nur auf spezielle Grundtechniken und wesentliche konditionelle Faktoren zu konzentrieren. In den Kreisligen gibt es zwar hervorragende Techniker oder auch perfekt austrainierte Athleten, doch ist dies nicht die Regel. Viele Spieler und Spielerinnen haben große technische und / oder konditionelle Defizite. Mit einfachen Grundübungen kann die Trainerin oder der Trainer das in relativ kurzer Zeit beheben, und mit einer durchschnittlichen Mannschaft den Aufstieg erreichen.

Zusätzlich kann dies mit besonderen Verhaltensweisen und psychologischen Aspekten perfektioniert werden.

Dieser ganze und simple Ablauf wird in diesem Buch deutlich beschrieben.

Im ersten Kapitel dieses Buches starten wir mit einfachen Grundtechniken, die jeder Spieler in der Kreisliga beherrschen sollte. In der Realität besitzen allerdings nur etwa ein Drittel aller Kreisliga-Spieler diese Fähigkeiten.

Nach einigen Wochen speziellen Trainings ist hier fast jeder Spieler in der Lage, die Grundtechniken perfekt auszuführen. Nun ist ein direkteres, genaueres und schnelleres Spiel möglich. Der Gegner ist überfordert, als wenn er gegen eine Mannschaft spielt, die ein bis zwei Ligen höher steht.

Nach diesem Kapitel werden dann die konditionellen Aspekte abgehandelt usw.

Grundtechniken

Alle Übungen, die hier aufgeführt werden,
sollten in einem Stationentraining Anwendung finden (pro Einheit fünf bis zehn der
hier geschilderten Übungen). Die Dauer pro
Übung beträgt in der Regel drei bis fünf Minuten. Der gesamte Zirkel kann bis zu 45 Minuten in Anspruch nehmen.
Das Stationentraining wird mindestens einmal pro Woche eingebaut. Die verwendeten
Übungen werden regelmäßig gewechselt.
Schon nach einigen Wochen hat sich die Ball-
technik aller Spieler wesentlich verbessert.

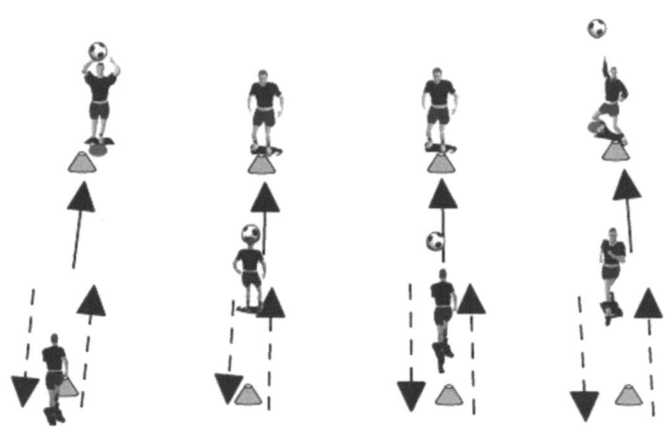

Top-Übung zum Techniktraining

Nahezu jede der hier aufgeführten Schuss- und Kopfballtechniken kann mit dieser Übung trainiert werden.

Übungsaufbau:
2 Hütchen werden im Abstand von 15 bis 20 Metern aufgestellt. Jedes Hütchen wird mit einem Spieler besetzt. Eine Seite mit Ball, die andere ohne Ball.

Übungsablauf:
Der Spieler ohne Ball trabt in Richtung seines Übungspartners, der ihm den Ball z.B. hüfthoch entgegenwirft. (Der Ball sollte so geworfen werden, dass er ca. 5 Meter vor dem Werfenden angenommen oder zurückgespielt werden kann.) Der Spieler ohne Ball spielt den Ball, in unserem Beispiel, direkt mit dem Innenriss zurück. Danach trabt er wieder in Richtung seines Hütchens und

Grundtechniken

wendet an diesem. Jetzt läuft er wieder in Richtung seines Übungspartners und wiederholt die Übung 5-10-mal. Danach werden die Aufgaben getauscht. Hier können viele Techniken geschult werden mit je 5 -10 Wiederholungen (Rückpass mit dem Vollspann, Kopf usw.).

Die gleiche Übung wird nun mit einem regulären Einwurf wiederholt. Der werfende Spieler hat immer mehrere Bälle zur Verfügung, so dass nach einem Fehlpass die Übung nicht unterbrochen werden muss.

Die elementare Grundübung wird immer wieder trainiert, bis alle Spieler diese Basistechnik beherrschen. Hiernach können wir eine komplexere Grundübung einbauen, die auch von allen Kreisligaspielern nach einiger Zeit perfekt durchgeführt werden kann.

Komplexere Grundübung

Es werden Dreiergruppen gebildet und der Schwierigkeits- grad erhöht. Der erste Spieler wirft ein, der zweite passt direkt auf den dritten Spieler der Gruppe, der wiederum auf ein besetztes Tor zuläuft, und aus etwa 16 Meter Entfernung mit einem Torschuss abschließt (siehe Abbildung nächste Seite). Danach startet die nächste Dreiergruppe. Die Übung wird auch bei ungenauem Passspiel bis zu Ende durchgeführt, und in der Regel nicht in einem Stationentraining eingebaut.

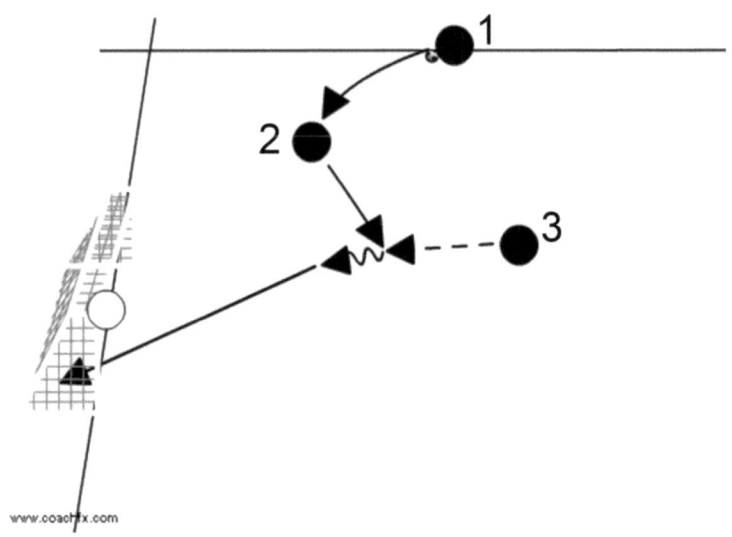

Die vorige Übung wird jetzt leicht verändert. Vor dem Torabschluss wird mit einem „festen" Zuspieler noch ein Doppelpass gespielt und der direkte Abschluss gesucht.

Grundtechniken

Weitere Basisübung für ein Stationentraining

Die folgenden elementaren Übungen sollten immer wieder ins Training eingebaut werden, um z.b. eine Ballsicherheit im Kurzpassspiel zu garantieren.

Übungsaufbau

Zwei Hütchen werden im Abstand von 15 – 30 Metern aufgestellt. Die Entfernung ist abhängig vom Alter und Leistungsstand. Jedes Hütchen wird mit einem Spieler und Ball besetzt.

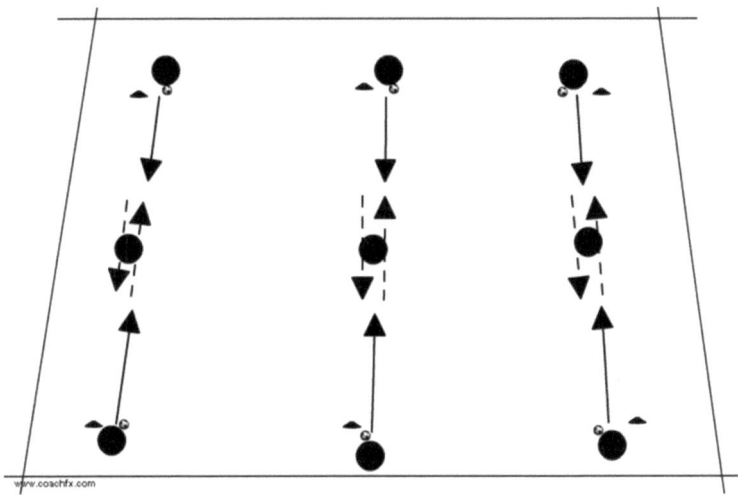

Grundtechniken

1. Übung

Der Spieler ohne Ball trabt von der Mitte in Richtung eines Mitspielers. Dieser spielt ihn flach an, der zentrale Spieler spielt den Ball flach mit der Innenseite direkt zurück, wendet, und läuft dem anderen Mitspieler entgegen. Auch der zweite Mitspieler spielt den Flachpass. Der Rückpass erfolgt wieder direkt mit dem Innenseitstoß, dann folgt wieder die Wendung usw.

Der zentrale Spieler wird häufig gewechselt.

2. Übung

Alle drei Spieler dürfen nur mit dem „schwächeren" Fuß passen.

3. Übung

Es wird abwechselnd mit dem linken und rechten Fuß gespielt.

4. Übung

Der Ball wird jetzt halbhoch von den Außenspielern zugeworfen. Der zentrale Spieler spielt den Ball direkt mit der Innenseite oder dem Vollspann zurück. Auch hier achten wir auf die beidfüßige Schulung.

5. Übung

Der Ball wird nun mit einem Einwurf ins Spiel gebracht und vom zentralen Spieler mit dem Kopf oder Fuß direkt zurückgespielt. Zwei Ballkontakte sind erlaubt, wenn der Ball vorher mit der Brust angenommmen wurde.

Grundtechniken

Stationentraining (Standardsituationen)

Der folgende Hauptteil des Trainings sollte im Laufe der Saison mehrmals eingebaut werden. Es werden hier an drei Stationen die Standardsituationen (Eckball, Elfmeter und Freistöße) trainiert. Dieses Zirkeltraining kann über 40 – 60 Minuten angesetzt werden.

Über Standardsituationen können Sie Spiele in der Kreisliga leicht für sich entscheiden. Bedenken Sie, der gegnerische Torwart befindet sich nicht auf Bundesliga-Niveau.

Mit einem gut trainierten Schützen können Sie jedes Spiel entscheiden. Aber die Standardsituationen müssen regelmäßig trainiert werden.

1.Station: Elfmeterschießen

Hier werden mindestens vier Fußballer eingesetzt. Bei einem verschossenen Elfmeter tauschen Torwart und Schütze ihre Positionen. Erst erfolgt ein „freies" Elfmeterschießen, dann mit Vorgaben, wie „links unten", „rechts oben", verzögerter Anlauf oder Schießen mit dem „schwachen" Fuß.

2. Station: Eckball

Jetzt benötigen wir mindestens drei Angreifer, zwei Verteidiger und einen Torwart (vier bis fünf Angreifer und drei bis fünf Verteidiger wären allerdings ideal). Es empfiehlt sich hier, den Stammtorwart auf seiner eigentlichen Position einzusetzen.

 # Grundtechniken

Trainiert werden alle möglichen Varianten einer Ecke. Haben die Abwehrspieler den Ball abgewehrt, die Stürmer verwandelt oder ins „Aus" geschossen, bzw. der Torwart gehalten, wird der nächste Eckball ausgeführt.

3. Station: Freistoßvarianten

Hier gilt: Je mehr Spieler ich zur Verfügung habe, desto mehr Freistoßvarianten können trainiert werden. Der zweite Stammtorwart wird hier im Tor eingesetzt.

 **Grundtechniken**

Elementare Konterübung

Und hier eine weitere elementare Technikübung , die ideal in ein Stationentraining eingebaut werden kann. Trainieren Sie diese Konterübung, bis jeder Spieler diese nahezu perfekt einsetzen kann.

Diese Übung kann bereits ab der D-Jugend trainiert werden. Im Idealfall können zwei Mitspieler mit diesem Verhalten eine gesamte Hintermannschaft ausschalten.

Ein Fußballer dribbelt auf einen Mitspieler zu, etwa 20 Meter vor ihm spielt er einen genauen Flachpass. Der Mitspieler steht frontal zum Passgeber, läuft dem Pass entgegen, spielt direkt zurück, dreht sich blitzschnell um 180 Grad und läuft in die entgegengesetzte Richtung (im Idealfall in vollem Sprint). Der ursprüngliche Passgeber spielt nun einen gefühlvollen Vollspannstoß, ebenfalls direkt über den sich entfernenden Mitspieler in den Lauf.
Diese Übung hört sich für Einige vielleicht sehr einfach an, ist aber in der Praxis sehr schwierig umzusetzen und erfordert in den Jugendklassen und unteren Amateurklassen sehr viel Geduld.
Die Übung wird anfangs langsam durchgeführt und häufig wiederholt. Die Ausführung dieser Übung empfiehlt sich auf Rasen oder Kunstrasen, da der Ball hier „tiefer getroffen wird" und bei einem Scheitern des Vollspannstoßes der Ball weniger weit rollt.

In der Praxis muss dieser Pass natürlich nicht immer mit dem Vollspannstoß geschlagen werden. Es gibt viele Spieler, die diese Situation besser mit einem Innenspann- oder Innenseitstoß lösen können (wobei der Innenseitstoß auf einem Aschenplatz hier sehr schwierig anzuwenden ist, zumindest in Bezug auf die Höhe der Flugbahn des Balles). Je sicherer diese Grundübung durchgeführt werden kann, desto mehr können die Geschwindigkeit und die Entfernungen gesteigert werden.

Jetzt wird die gleiche Übung durchgeführt, allerdings mit einem Torabschluss. Nach dem gefühlvollen Pass über den sich entfernenden Mitspieler in den Lauf, nimmt dieser den Ball an und schießt aus 17 – 20 Meter Entfernung auf das besetzte Tor.

Der Torabschluss erfolgt auch, wenn der Pass ungenau war.

Grundtechniken

Der Mitspieler soll jetzt den Pass so schnell wie möglich erlaufen und den Torabschluss suchen.

Die vorige Übung wird wiederholt, aber der Schwierigkeitsgrad weiter erhöht.
Ein Spieler dribbelt wieder auf einen Mitspieler zu, etwa 20 Meter vor ihm spielt er einen genauen Flachpass. Der Mitspieler steht frontal zum Passgeber, läuft dem Pass entgegen, gefolgt von einem Gegenspieler, der nur „teilaktiv" eingreift. Der Passempfänger spielt unter der leichten Bedrängnis den Ball wieder direkt zurück, dreht sich blitzschnell um 180 Grad und läuft mit höchster Geschwindigkeit in die entgegengesetzte Richtung auf das Tor zu. Der ursprüngliche Passgeber spielt nun den gefühlvollen Pass über den sich entfernenden Mitspieler in den Lauf. Dieser schließt wieder mit einem Torschuss ab.

- Bei der letzten Steigerung dieser Übungsreihe muss der Mitspieler nicht nur den Torabschluss suchen, sondern vorher einen weiteren Gegenspieler ausspielen, der etwa 20 – 25 Meter vor dem Tor postiert ist. Der Rest wird wie bei der vorigen Übung durchgeführt.

Bei diesen Übungen empfiehlt es sich, die Gegenspieler mit „festen Positionen" zu belegen. Die jeweiligen Entfernungen für die Pässe und Torschüsse, sowie der Schwierigkeitsgrad der Übung, werden der Leistungsstärke und der Schusskraft angepasst.

Grundtechniken

Mit den folgenden Übungen soll die Sicherheit einfacher Pässe auch in der Kreisliga absolut perfektioniert werden.
Die Spieler passen sich den Ball abwechselnd mit der linken und rechten Innenseite zu. Der Ball wird zuerst gestoppt und dann direkt gespielt, wobei er durch zwei Hütchen gepasst werden soll. Die Entfernung ist abhängig vom Trainingszustand.

Statische Weitpässe

Die Zweiergruppen werden beibehalten. Es werden nun hohe Pässe geschlagen, die der Partner möglichst geschickt annehmen soll, bevor der Ball den Boden berührt. Nach der sicheren Ballannahme erfolgt der hohe Ball zurück zum Partner usw. (die Spieler wählen hierbei den höchstmöglichen Abstand zueinander).

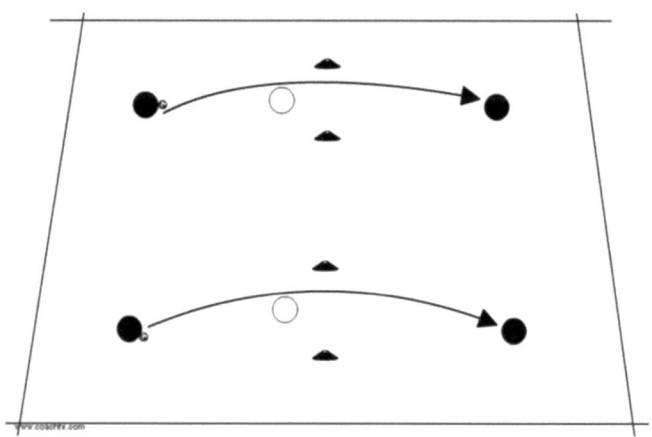

 # Grundtechniken

Bei der folgenden Übung wird der Schwierigkeitsgrad erhöht. In der Mitte der Zweiergruppe wird ein Gegenspieler positioniert, der versuchen soll, den Pass abzufangen. Er darf sich dabei nur im mittleren Drittel des Passbereiches befinden, also die Gegenspieler nicht direkt attackieren. Fängt er den Ball ab, werden die Positionen mit dem vorhergehenden Passgeber getauscht.

 # Grundtechniken

Weitere elementare Technikübungen für ein Stationentraining

Es wird wieder auf die „beidfüßige" Ausbildung geachtet.

° 2 – 4 Spieler stehen 10 – 30 Meter (je nach Trainingszustand und Spielstärke) zueinander. Der Ballbesitzer spielt den Ball in irgendeiner Form einem Partner zu, der den Ball annimmt und danach weiterspielt.
Das Passen erfolgt je nach Aufgabenstellung mit Innenseitstoß, Innenspannstoß, Vollspannstoß, oder Außenspannstoß.

° Die Spieler stehen sich in zwei Gruppen hintereinander gegenüber, der Abstand beträgt wieder 10 – 30 Meter. Der Spieler mit Ball passt zum Gegenüber, läuft zügig auf die andere Seite und stellt sich hinten wieder an.
Der nächste Ballbesitzer nimmt den Ball an und passt wieder usw.
Danach wird über eine kürzere Entfernung der Ball direkt gespielt.

° 3 – 5 Spieler stehen im kurzen Abstand zueinander und spielen sich den Ball hoch zu, der angenommene Ball kann hoch und direkt weitergespielt werden oder wird ein bis mehrere Male hochgehalten.

° Die Spieler stehen 5 – 15 Meter hintereinander vor dem Tor, einer wirft den Ball seitlich halbhoch vor die Spieler, die dann mit einem Hüftdrehstoß auf das Tor schießen sollen. Der Spieler, der geschossen hat, stellt sich hinten an. Später wird der Wurfabstand vergrößert oder das Werfen erfolgt mit einem Einwurf.
Weitere Steigerungsformen sind das Anspiel über eine Flanke, „kurze Ecke oder den Eckstoß.

Grundtechniken

Nachdem nun alle Spieler oder Spielerinnen die Grundtechniken mit Ball ausüben können, wird es Zeit die fußballspezifischen kognitiven Fähigkeiten zu trainieren, und zu verbessern. Hierdurch kann das Spiel noch einmal schneller gemacht werden, der Gegner wird förmlich schwindelig gespielt.

Hier setzen wir Übungen ein, bei denen die Fußballer auf mehrere Dinge gleichzeitig achten müssen. So wird es ihnen im Spiel auch leichter fallen, zum Beispiel den Ball zu führen und trotzdem die Übersicht nicht zu verlieren oder den Vorteil eines Doppelpasses schneller zu erkennen.

Auch hier können die Übungen in ein Stationentraining eingebaut werden. Ich mache Ihnen hier einige Übungsvorschläge, Sie können aber auch eigene Übungen einbauen, die ihrer Kreativität entsprungen sind.

a) Ein Spieler steht in der Mitte, vor und hinter ihm steht jeweils ein Spieler mit einem Abstand von 10 Metern.
Der erste Außenspieler passt den Balll zur Mitte, der Spieler in der Mitte passt den Ball sofort zurück und dreht sich sofort um 180 Grad. Jetzt wirft der andere Außenspieler den Ball hoch zu und der Spieler in der Mitte köpft den Ball zurück und dreht sich erneut um 180 Grad usw.
Nach etwa einer Minute werden die Aufgaben getauscht. Es empfiehlt sich, mehrere Bälle für die Außenspieler bereitzustellen, falls es zu Fehlpässen kommt. Unnötige Pausen können so vermieden werden.

Grundtechniken

b) Alle Spieler (6 bis 12) stehen in einem Viereck oder Kreis, die Entfernung zum Spieler direkt gegenüber beträgt dabei 10 bis 15 Meter. Beginnen wir mit einer leichten Variante. Es ist nur ein Ball im Spiel, und die Spieler sollen sich nur den Ball relativ zügig und ohne bestimmter Reihenfolge zuspielen.

Wir erhöhen den Schwierigkeitsgrad. Beim Zuspiel muss zuvor der Name des Passempfängers vom Passspieler laut gesagt werden.

Jetzt wird die erste Übung mit zwei Bällen gleichzeitig wiederholt.

Die nächste Variante erfolgt mit zwei Bällen gleichzeitig und der erneuten Namensnennung.

Die letzte Variante ist mit einem sehr hohen Schwierigkeitsgrad verbunden. Die vorige Übung wird wiederholt, aber diesmal befindet sich noch ein Gegenspieler in dem Kreis oder dem Viereck. Dieser hat die Aufgabe einen Ball zu erobern oder nur zu berühren. Bei Erfolg tauscht er die Rolle mit dem Passgeber. Der Gegenspieler kann natürlich auch in allen vorangegangenen Übungen eingesetzt werden.

 # Grundtechniken

Übersicht

Zu den fußballspezifischen kognitiven Fähigkeiten gehört natürlich auch die Übersicht und das Spielverständnis. Auch dies lässt sich zum Beispiel durch die folgenden Übungen trainieren:

Hier stellen wir eine Übung zur Förderung der lokalen Übersicht und zum Ausdauertraining mit und ohne Ball im Wechsel vor. Diese Übung ist für 8 Spieler gedacht und erlaubt, viele verschiedene Arten des Dribblings zu üben.
Dadurch, dass sich 4 Laufwege kreuzen, wird die Übersicht der Spieler gefördert.

Übungsaufbau: Es wird ein Quadrat mit Stangen abgesteckt. Die Seitenlänge beträgt ca. 20 Meter. Innerhalb des Quadrats wird ein weiteres Quadrat mit Pylonen aufgebaut.

Die Stangen werden mit jeweils 2 Spielern besetzt.
Pro Gruppe 2 Bälle.

Übungsablauf: Die Spieler sind bereits aufgewärmt.
Der jeweils 1. Spieler jeder Gruppe startet zum entferntesten
Hütchen und wieder zurück. Von dort aus zur nächsten Stange (
siehe Grafik).
Der 2. Spieler startet nachdem der 1. angekommen ist.

Dies wird solange wiederholt, bis jeder Spieler an seiner
Ausgangsposition angekommen ist.
Als nächstes wird der Ball z.B. mit dem Außenrist geführt usw. (Hier
können alle möglichen Dribblings eingesetzt werden).

Variationen:
Die Spieler führen den Ball nicht zum entferntesten Hütchen,
sondern zum nahe gelegensten Hütchen.
Das Ganze wird als Wettkampf durchgeführt. (Hierbei laufen die
Spieler jedoch nicht zur nächsten Stange).

Übung zur Verbesserung der lokalen Übersicht des Stürmers

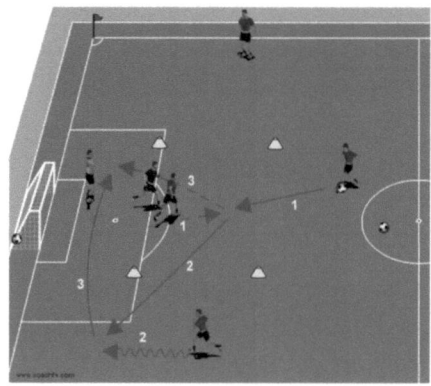

Grundtechniken

Grundsätzlich hat der zentrale Stürmer in Höhe der Strafraumlinie mehrere Möglichkeiten, seine Laufwege zu gestalten. Vor der Übung sollte der Trainer diese Möglichkeiten (vertikal, diagonal und horizontal) aufzeigen.

Übungsaufbau: Siehe Grafik

Übungsablauf:

- Der zentrale Stürmer im Viereck versucht sich vom Verteidiger zu lösen und einen Passweg innerhalb des Vierecks zu schaffen (der erste Pass an den zentralen Stürmer muss innerhalb des Vierecks angenommen werden!!!).

- Der Mitspieler mit Ball spielt den Pass zum zentralen Stürmer oder zu den Außenstürmern.

- Bekommt der zentrale Stürmer den Ball, kann er direkt abschließen oder einen Außenstürmer bedienen.

- bedient er einen Außenstürmer, so kann er das Viereck verlassen und die Flanke verwerten.

Grundtechniken

Dribbeln im Viereck

Es folgt eine weitere Übung mit der die Übersicht erhöht werden kann, fangen wir mit einer leichten Variante an. Ein Feld wird abgesteckt und dabei der Spieleranzahl angepasst. In diesem Feld bekommt jeder einen Ball. Dieser soll geführt werden, ohne dass ein Mitspieler dabei behindert oder von einem anderen Ball berührt wird. Die Ausführung bestimmter Finten wird in diesem Aufwärmprogramm eingebaut. Diese Übung wird etwa nur zwei Minuten praktiziert, da sonst schnell Langeweile auftritt.

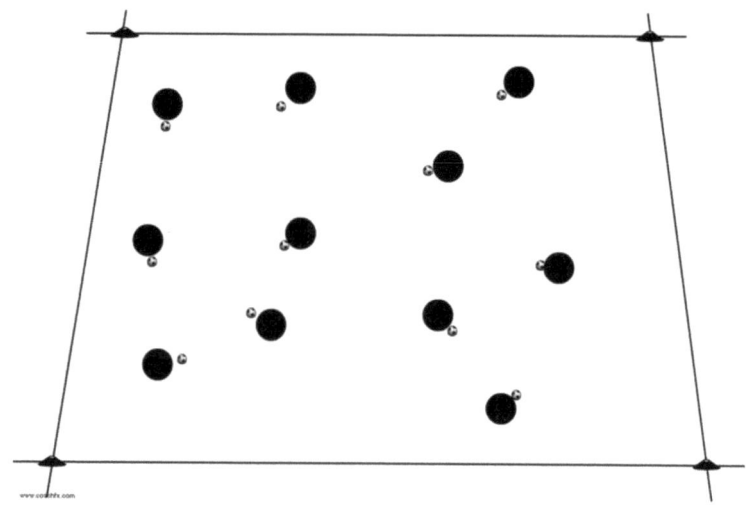

Grundtechniken

Variante: Nach dieser kurzen Übung kommen wir zur eigentlichen Trainingsform. An jeder Seitenlinie steht jeweils ein Spieler, der als Anspielstation für die Spieler im Feld mit Ball dient. Die vier Außenspieler stehen dabei jeweils fünf Meter hinter der Seitenlinie, und wie erwähnt zentral.

Im Feld dribbelt wieder jeder Spieler mit Ball. Der Trainer oder die Trainerin ruft nun den Vornamen eines ballführenden Spielers. Dieser soll nun so schnell wie möglch den Ball in diesem "Durcheinander" zu einem Außenspieler passen. Jener wiederum passt so schnell wie möglich zu seinem Passgeber zurück. Mit der Zeit werden die Vornamen der zentralen Spieler immer schneller aufgerufen.

Die letzte Steigerung besteht darin, dass die äußeren Anspielstationen mit einem Doppelpass zum ursprünglichen Passgeber erwidern müssen.

Grundtechniken

3 gegen 3 mit einer festen Anspielstation

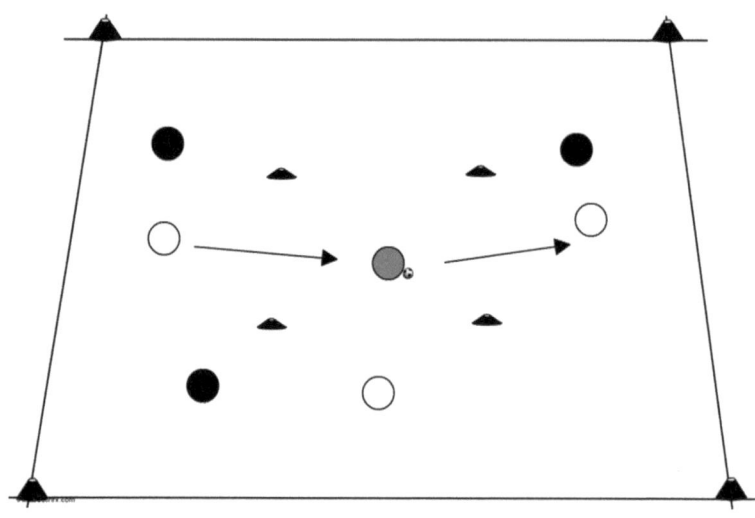

Übungsaufbau und Übungsablauf: Im abgesteckten Viereck spielen 3 gegen 3. Das mittlere kleine markierte Viereck darf nur vom neutralen Spieler betreten werden. Bei jedem 2. Pass muss der neutrale Spieler angespielt werden. Pässe durch das mittlere Viereck sind nicht erlaubt, wenn der neutrale Spieler nicht angespielt wird. Zuerst 3 Ballkontakte, dann 2 und 1.

28

# Das Spiel ohne Ball

Das Spiel ohne Ball

In der Kreisliga sind häufig Spieler, die konditionelle Defizite aufweisen. Trainieren und erhöhen Sie die Ausdauer und Schnelligkeit ihrer Spieler, und Ihre Mannschaft ist in der Kreisliga kaum noch zu besiegen.
Motivieren Sie ihre Spieler auch zu einer höheren Laufbereitschaft ohne Ballbesitz.

Der französische Sportwissenschaftler Chris Carlings hat in einer Studie belegt, dass Profispieler im Schnitt pro Begegnung 190 Meter mit dem Ball laufen. Das sind ca. 2 Prozent der Gesamtstrecke, die ein Profispieler in einem Spiel zurücklegt.
Dieses Ergebnis ist verblüffend und zeigt zum Einen, wie wichtig das Spiel ohne Ball im modernen Fußball ist und zum Anderen, wie wichtig natürlich auch das Spiel mit dem Ball ist. Denn in der kurzen Zeit des Ballbesitzes sollten natürlich die Handlungen optimiert werden.
Die gesamte Zeit über ist es also wichtig, sich selbst zu bewegen, gegnerische Spieler abzuschirmen und freie Mitspieler zu finden. Hierzu gehört natürlich auch das ballorientierte Verschieben der einzelnen Spieler.

Es gilt den Spielern klarzumachen, dass nicht der ballführende Spieler das Anspiel bestimmt, sondern der Spieler ohne Ball, der durch einen schnellen Antritt oder durch einen Richtungswechsel in den freien Raum läuft. Gerade in der Kreisliga ist dieser Grundgedanke oft nicht stark ausgeprägt.

 # Das Spiel ohne Ball

Der heutige Fußball in den Profi-Ligen und höheren Amateurligen wird mit extremer Schnelligkeit und Laufarbeit gespielt. Eine sehr gute körperliche Fitness ist für jeden Fußballer unabdingbar.

Ziehen wir das Spiel vom 6. August 2011 zwischen Wolfsburg und Köln heran. So lief Lukas Podolski in dieser Partie 8,9 Kilometer, was sich erst einmal viel anhört. Das Spiel verlor der 1.FC Köln mit 3:0.

Im Vergleich dazu lief der Gladbacher Roman Neustädter einen Rekordwert von 13,0 Kilometer. Die Gladbacher gewannen das Spiel mit 1:0 gegen den FC Bayern München.

Am gleichen Spieltag schlugen die Dortmunder den Hamburger SV mit 3:1. Hier hatte das Dortmunder Team insgesamt 124,7 Kilometer zurückgelegt und die Hamburger nur 113,7 Kilometer. Der 19-Jährige Mario Götze von Dortmund lief dabei 10,42 Kilometer in nur 75 Minuten.

Weiterhin ist bekannt, dass an diesem Spieltag keine Mannschaft weniger lief als Schalke 04 und prompt ging das Spiel 3:0 gegen Stuttgart verloren.

Den schnellsten Sprint lief Christian Lell von Hertha BSC mit einer Höchstgeschwindigkeit von 33 km/h. Das entspricht etwa einer 100 m Zeit mit Fußballschuhen auf Rasen von 12,20 Sekunden elektronisch gestoppt (Startphase mit Tiefstart). Auf einer Tartanbahn mit Spikes entspricht das einer Zeit von etwa 11,60 Sekunden und handgestoppt einer Zeit von 11,3 Sekunden. Hier wird klar mit welcher Schnelligkeit die heutigen Fußball-Profis unterwegs sind. Auf den ersten 20 Metern werden selbst Weltklassesprinter nicht wesentlich schneller sein als die besten Fußballprofis.

Das Spiel ohne Ball

Wenn die körperliche Fitness eines Profis nicht mehr stimmt, geht seine Karriere sehr schnell dem Ende zu. Mit rasanter Geschwindigkeit rücken junge Spieler nach, die technisch und physisch in bester Verfassung sind und nur darauf warten, die älteren zu verdrängen. Das Durchschnittsalter der Profi-Mannschaften wird immer jünger und das Spiel immer schneller. Bis in die 70-er Jahre konnte ein Techniker sich erlauben, relativ „lauffaul" zu sein. In der heutigen Zeit müssen die Profi-Spieler nicht nur technisch weit gefächert sein, sondern auch über eine höchstmögliche körperliche Fitness verfügen.

Hier erkennt man deutlich, dass eine Kreis-liga-Mannschaft auf einem hohen konditionellen Niveau einen riesigen Vorteil besitzt.

 # Das Spiel ohne Ball

Ausdauer

Die Grundlage für eine hohe Laufbereitschaft und hohes Laufvermögen über ein ganzes Fußballspiel ist die Ausdauer (allgemeine aerobe Ausdauer) bzw. die Ausdauerleistungsfähigkeit.

Unter der allgemeinen aeroben Ausdauer versteht man die Fähigkeit, die zur Aufrechterhaltung einer bestimmten Belastungsintensität (hier Laufgeschwindigkeit) notwendige Energie ausschließlich durch die Oxidation mit Sauerstoff bereitzustellen.

Bei einer hohen Ausdauerleistungsfähigkeit eines Fußballspielers sind nicht nur die Laufwege in einem Fußballspiel höher, sondern auch die Regenerationsfähikeit ist nach einem Spiel wesentlich erhöht. Damit verbunden reduziert sich auch die Verletzungsanfälligkeit.

In der Kreisliga sind viele Spieler nicht optimal trainiert, einige zeigen auch ein Übergewicht. Wird in der Vorbereitungsphase das Training der Ausdauer über zwei bis drei Monate ausgedehnt, hat diese Mannschaft bis zum Saisonende ein wesentlich höheres Leistungsvermögen und geringere Verletzungsanfälligkeit. Natürlich brauchen Sie eine Mannschaft, die auch bereit ist an diesem Ziel mitzuarbeiten.

Bei einer jungen Mannschaft ist die Durchführung leichter, der Ehrgeiz ist wesentlich größer.

Bei einer älteren Mannschaft sind häufiger Fußballer mit einem Übergewicht, der Ehrgeiz ist nicht mehr so ausgeprägt. Motivieren Sie ihre Mannschaft, und erklären Sie diese Vorbereitungsphase, ähnlich wie sie hier geschildert ist.

Auch 8 bis 12 Wochen gehen vorbei, belohnen Sie die Spieler

mit interessanten Abschlussspielen. Anregungen für alternative Abschlussspiele finden Sie in meinem Buch "Abschlussspiele - D-Jugend bis Senioren" von Wolfgang Schnepper.

Die Vorbereitungsphase besteht also über 8 bis 12 Wochen nur aus:

Ausdauertraining

Grundtechniken

Training der fußballspezifischen kognitiven Fähigkeiten

Interessante Abschlussspiele

 # Das Spiel ohne Ball

Welche Trainingsmethoden gibt es zur Verbesserung der allgemeinen aeroben Ausdauer?

Hier bieten sich die Intervall- und die Dauermethode an. Für den Fußballer sollte überwiegend die Dauermethode (z.B. Waldlauf oder Fahrtspiel) eingesetzt werden. Das Ausdauertraining findet weitestgehend in der Saisonvorbereitung statt oder kann z.B. bei Spielausfällen auch zur Erholung genutzt werden.

Die Spieler haben z.B. an einem Tag spielfrei oder wurden nicht eingesetzt. Jetzt bietet sich ein lockerer Waldlauf über 30 – 50 Minuten zur Erholung und als Ausdauertraining an.

Während der Saisonvorbereitung können etwa 16 bis 24 Ausdauereinheiten über 2 bis 3 Monate zwischen 30 – 50 Minuten aufgenommen werden. Beim Fahrtspiel werden dabei Strecken mit unterschiedlicher Geschwindigkeit durchlaufen.

Es werden z.B. die ersten 2 Kilometer locker gelaufen, dann 500 Meter schnell, 200 Meter gehen, 1 Kilometer locker, Sprint bergauf usw.

Im Jugendbereich setzt ein Ausdauertraining in der Regel ab der C-Jugend ein. Die Belastungsdauer der einzelnen Einheit, sowie die gesamte Phase sind dabei etwas kürzer.

Sind die Leistungsunterschiede innerhalb einer Mannschaft zu groß, wird diese in zwei Gruppen unterteilt.

Die leistungsstärkere Gruppe läuft eben nur in einer vorgegebenen Zeit eine längere Strecke.

Monotones Laufen auf der Aschenbahn sollte ausgeschlossen werden. Bevorzugen Sie Wald- und Geländeläufe, wenn die Gegebenheiten es hergeben.

 # Das Spiel ohne Ball

Cooper-Test, ja oder nein?

Der Cooper-Test ist ein anerkannter Test zur Überprüfung der allgemeinen aeroben Ausdauer. Es handelt sich um einen Lauf mit einer Dauer von 12 Minuten, hierbei wird die maximal zurückgelegte Strecke ermittelt.
Für Fußballer ist der Test anspruchsvoll, da die zurückgelegte Strecke zwischen einem Mittel- und einem Langstreckenlauf liegt. Die Spieler müssen sich gut einschätzen können, um nicht zu früh zu viel Laktat aufzubauen und schließlich zu übersäuern, aber sollten auch nicht zu langsam zu laufen.

Wenden Sie den Test aber nur an, wenn ideale Bedingungen vorliegen, ansonsten ist dieser nicht aussagekräftig:

1. 400-m-Kunstoffbahn oder trockene Aschenbahn oder Vergleichbares, gelaufen wird mit leichter Laufkleidung und leichten Laufschuhen

2. Außentemperatur 16–25 °C bei relativ trockener Luft

3. Die Spieler müssen körperlich gesund sein

4. Die Fußballer müssen ausgeruht sein

5. Die Spieler müssen über diesen Test rechtzeitig informiert werden, damit sie z.B. vorher nicht zu "schwere" Nahrung konsumieren oder sich vorher schon stark körperlich belastet haben

35

 # Das Spiel ohne Ball

Für Kreisliga-Spieler kommen wir dann zu folgender Beurteilung:

3000 Meter und mehr: Note 1

2800 Meter und mehr: Note 2

2600 Meter und mehr: Note 3

2400 Meter und mehr: Note 4

Unter 2400 Meter: Die allgemeine Ausdauer sollte gezielt trainiert werden.

Für Kreisliga- Spielerinnen gilt folgende Beurteilung:

2700 Meter und mehr: Note 1

2500 Meter und mehr: Note 2

2300 Meter und mehr: Note 3

2100 Meter und mehr: Note 4

Unter 2100 Meter: Die allgemeine Ausdauer sollte gezielt trainiert werden.

 # Das Spiel ohne Ball

Beispiel für eine Trainingseinheit in der Vorbereitungsphase

1. 30 bis 50 Minuten Waldlauf oder Geländelauf mit Fahrtspiel

2. 20 bis 30 Minuten Training der Grundtechniken

3. Abschlussspiel über 15 bis 20 Minuten

Beispiel für eine Belohnungstrainingseinheit während der Vorbereitungsphase

1. Aufwärmen mit 5 gegen 2 oder dem Sprinter ABC

2. Ausdauertraining im Traininsspiel

Bei dieser Form des Trainingsspiels darf eine Mannschaft nur ein Tor erzielen, wenn alle Mitspieler (außer Torwart) sich in der gegnerischen Hälfte befinden. Bei dieser Regel sind alle Spieler mehr oder weniger gezwungen, sich ins Angriffsspiel mit einzuschalten. Des Weiteren wird hier ganz unauffällig das Training der fußballspezifischen Ausdauer eingebaut (diese Art des Abschlussspiels wird natürlich nach einem harten Konditionstraining vermieden, ein Training in den Erschöpfungszustand oder sogar in ein permanentes Übertraining könnte die Folge sein.

3. "Normales" Abschlussspiel oder mit technischen oder taktischen Vorgaben

 # Das Spiel ohne Ball

Diese Ausdauerform ist auch als „Schnelligkeitsausdauer" oder „Stehvermögen" bekannt. Eine solche Beanspruchung liegt vor, wenn große Muskelgruppen dynamisch und anaerob über eine Zeit von 20 – 120 Sekunden mit hoher bis höchstmöglicher Belastung eingesetzt werden. Belastungen unter 20 Sekunden werden der Schnelligkeit, Belastungen über 120 Sekunden der allgemeinen aeroben Ausdauer zugeordnet (Hollmann, 1990).

Für den Fußballer ist diese Ausdauerform auch von höchster Bedeutung.
Ein Spieler läuft z.b. mit hoher Geschwindigkeit 30 Meter in den Strafraum, springt zum Kopfball, der Ball wird aber abgewehrt und der Spieler läuft im Sprint Richtung eigene Spielhälfte, nun wird der Ball aber wieder abgewehrt und der gleiche Spieler in die „Tiefe" geschickt und schon haben wir eine Belastung im allgemeinen anaeroben Ausdauerbereich.

Die fußballspezifische allgemeine anaerobe Ausdauer wird im Fußball überwiegend durch Fußballübungen und Fußballspiele mit 5 gegen 5 bis 7 gegen 7 trainert. Hier sind häufige Ballkontakte und kontinuierliches Laufen mit starken Tempowechseln garantiert.
Lange Sprints im Training über 150 Meter sind für Fußballer absolut kontraproduktiv.
s wäre z.B. ein großer Fehler, einen Fußballer 400 Meter auf Zeit mit maximaler Belastung laufen zu lassen. Der Spieler würde extrem „übersäuern" und ermüden. Die vollständige Erholung dauert ungefähr eine Woche.

Das Spiel ohne Ball

Die vollständige Erholung dauert ungefähr eine Woche. Noch schlimmer wäre es, diesen Lauf an den Anfang der Trainingseinheit zu stellen. Ein anschließendes Technik-, Schnellkraft- oder Sprungkrafttraining wäre vollkommen sinnlos, da der Athlet total „übersäuert" ist und damit kein Trainingseffekt mehr möglich ist. Im Extremfall können sich sogar Koordinations- und Technikmängel einschleichen.

Im Jugendbereich kann ein zu hartes Training auch zu einer juvenilen Hypertonie führen (jugendlicher Bluthochdruck infolge eines zu harten Trainings, der sich aber in der Regel in einer längeren Erholungsphase wieder normalisiert).

Die allgemeine anaerobe Ausdauer kann mit (was überwiegend der Fall sein sollte) und ohne Ball trainiert werden. Die folgende Trainingsform kann ab der C-Jugend eingebaut werden und wird immer am Ende einer Trainingseinheit absolviert mit einem folgenden Austraben von mindestens 5 Minuten, um eine Übersäuerung des Körpers schneller abzubauen. Es kann eine solche Beanspruchung am Anfang der Woche einmal trainiert werden (aber nicht am Anfang der Vorbereitungsphase).

Intensives Intervalltraining für Fußballer

Ein Dreieck wird mit Pylonen abgesteckt. Die lange Seite des Dreiecks beträgt etwa 30 – 60 Meter je nach Alter und Trainingszustand, die kurze Seite etwa 20 Meter und die mittlere Seite 25 – 50 Meter. Die Trainingsdauer liegt bei etwa 10 Minuten. Die lange Strecke wird hierbei mit fast maximaler Geschwindigkeit durchlaufen, die kurze Strecke langsam gegangen und die mittlere Strecke getrabt (siehe Grafik nächste Seite).

 # Das Spiel ohne Ball

Intervalltraining

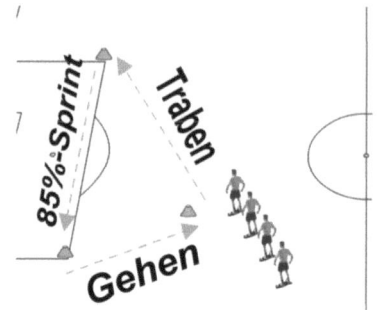

Trainingsform mit Ball (siehe Grafik S.38)

1. Es werden zwei Mannschaften mit 4 – 6 Spielern eingeteilt.
Diese werden chronologisch durchnummeriert. Die Spielfläche
beträgt etwa 30 x 30 Meter.
Nur die Spieler mit der Nummer 1 gehen ins Feld. Sie spielen jetzt
„eins gegen eins" über einen Zeitraum von 30 Sekunden bei
Jugendlichen und bis zu 60 Sekunden bei gut trainierten
Erwachsenen. Nach der Zeit ruft der Trainer die Spieler mit der
Nummer 2 auf. Jetzt wird 30 – 60 Sekunden zwei gegen zwei
gespielt. Die einzige Aufgabe der Spieler ist Ballhaltung. So geht es
immer weiter bis alle Spieler im Feld sind. Danach geht das ganze
rückwärts, die Spieler mit der Nummer 1 werden zuerst
„ausgerufen" und zum Schluss die Spieler mit der höchsten
Nummer.
Eine Variante ist es, die Spieler die zuletzt reinkamen, als erste
wieder rauszunehmen. Damit wären die Spieler mit der Nummer 1
die ganze Zeit auf dem Feld, was eine sehr hohe Belastung
bedeutet. Hier könnten Spieler ausgesucht werden, die etwas
„lauffaul" sind.

40

 # Das Spiel ohne Ball

Trainingsform mit Ball

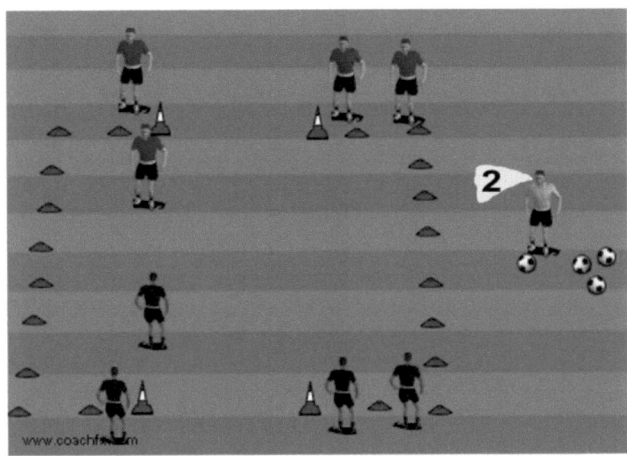

2. Parcour mit oder ohne Ball zur Schulung der allgemeinen anaeroben Ausdauer (siehe Grafik S.39)

Übungsaufbau und Übungsablauf:

Beim Startpunkt oben links werden genauso viele Bälle platziert wie Spieler vorhanden sind. Die erste Runde ohne Ball (weiße Hinweise), die nächste Runde mit Ball (blaue Hinweise) etc.

Die erste Runde erfolgt ohne Ball. Der Spieler startet mit einem Kniehebelauf und steigert die Frequenz bei jedem Hütchen. Die nächste Strecke wird getrabt, Slalomlauf, Sprinten, Gehen, Traben, seitliches Laufen, Traben, Sprunglauf, Beschleunigen von Hütchen zu Hütchen um den Mittelkreis (am letzten Hütchen erreichen die Spieler Höchstgeschwindigkeit), Traben, Rückwärtslauf, Sprint und Gehen.

Jetzt erfolgt der gleiche Parcour mit Ball. Er beginnt jetzt mit Finten (siehe Grafik).

41

Das Spiel ohne Ball

Schulung der allgemeinen anaeroben Ausdauer

Das Spiel ohne Ball

Training der Grundschnelligkeit

Auch im Seniorenbereich kann die Sprintbeschleunigung und die Grundschnelligkeit mit gezielten Übungen erheblich verbessert werden. Auch verschafft sich die Mannschaft einen kleineren weiteren Vorteil.

Sprinter ABC

Der Trainer oder die Trainerin sollte im Training regelmäßig ein Sprinter ABC zum Trainingsbeginn einbauen. Diese Übungsform ist die Grundlage zur Verbesserung der Beschleunigung und GrundschnelligKeit.

Am Ende des Sprinter ABC`s empfiehlt es sich Sprungübungen wie Sprunglauf, Hopserlauf auf Höhe oder Weite und / oder den Prellsprung miteinzubauen.

Nach einiger Zeit können die Spieler ein Sprinter ABC zum Aufwärmen und zur Verbesserung der Sprintleistungen selbstständig durchführen.

Das Sprinter ABC können Sie im Internet nachlesen, falls es noch nicht im Training verwendet wird. Auch in unserem Buch "Taktiktraining im Jugendfußball" von Manfred Claßen und Wolfgang Schnepper wird dieses Kapitel ausführlich behandelt.

 # Das Spiel ohne Ball

Erhöhung der Grundschnelligkeit durch reines
Schnelligkeitstraining

Der Sprinter führt diese Trainingsform folgendermaßen durch:
Er läuft mit submaximaler Beschleunigung je nach Leistungsstand
30 bis 60 Meter an und läuft dann mit maximaler Geschwindigkeit
eine Strecke von 30 Metern. Danach folgt eine Pause von 5 bis 10
Minuten und die Übung wird fünfmal durchgeführt. Für einen
Sprinter kann das unter Umständen eine ganze Trainingseinheit
sein.

Im Jugendbereich kann man diese Übungsform ab der D-Jugend
einführen. Hier wird allerdings der Anlauf verkürzt und zwei
Durchgänge sind ausreichend mit einer Pausenlänge von drei
Minuten. Ein weiteres Ausdehnen während des Haupttrainings
ergibt für den Fußballer keinen Sinn, weil dann zu wenig
Trainingszeit für andere Dinge bleibt.

Für diese Übungsform muss der Athlet absolut ausgeruht sein,
ansonsten bleibt die Übung vollkommen wirkungslos.

Durch das submaximale Anlaufen spart der Läufer Energie für die
Höchstgeschwindigkeit und kann so mit einer etwas höheren
Geschwindigkeit die Hauptstrecke durchlaufen. Dieses Training
kann ein bis zweimal pro Woche eingebaut werden.

Übungsbeispiel:
Ein Fußballer der Kreisliga läuft die 100 Meter in 13,0 Sekunden.
Bei dieser Zeit hat er nach etwa 20 Metern schon die
Höchstgeschwindigkeit erreicht.
Für die Übung läuft er aber jetzt 30 Meter an (submaximale
Beschleunigung), darf erst dann seine Höchstgeschwindigkeit
erreichen und läuft die nächsten 30 Meter maximal.

 # Das Spiel ohne Ball

Nach diesem ersten Durchgang braucht der Fußballer eine Pause von fünf Minuten. Diese wird mit Ball "hochhalten" oder leichten Dehnübungen überbrückt. Insgesamt werden drei Durchgänge absolviert.

Diese Übung können Sie aber auch wunderbar mit einem Torschusstraining verbinden.

Torschusstraining mit gleichzeitigem Grundschnelligkeitstraining

Die hier beschriebene Übung sollte häufiger in das Training integriert werden. Sie schult eine wichtige Kontereigenschaft, Sprintkriterien und die Verarbeitung der Ballannahme mit abschließendem Torschuss aus hoher Geschwindigkeit.

Übungsablauf: Die Fußballer stehen 10 Meter hinter der Mittellinie zentral vor dem Tor mit Torwart hintereinander in einer Reihe. Der Erste läuft an und beschleunigt submaximal (keine volle Beschleunigung), so dass er erst nach 30 Metern die höchste Laufgeschwindigkeit erreicht (bei voller Beschleunigung erreicht diese Leistungsklasse die Höchstgewschwindigkeit in der Regelschon nach 15 bis 25 Metern).

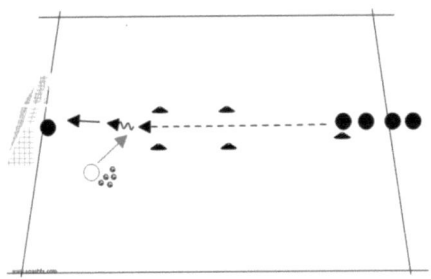

Das Spiel ohne Ball

Die 30 Meter sind mit einem Pylonenpaar (parallel mit zwei Meter Abstand) markiert. Hier erreicht der Läufer seine Höchstgeschwindigkeit und hält diese über 20 Meter, dann durchläuft er ein zweites Hütchenpaar (gleich aufgestellt, etwa 20 Meter vom ersten Hütchenpaar entfernt), reduziert die Geschwindigkeit etwas und bekommt vom Trainer den Ball in den Lauf gespielt. Der Fußballer soll nun den Ball mit dieser hohen Laufgeschwindigkeit verarbeiten, annehmen, kontrolliert vorlegen und mit einem wuchtigen Torschuss aus 16 bis 18 Metern abschließen.

Nach diesem Torschuss startet der nächste Läufer, der Schütze befördert den geschossenen Ball wieder zum Trainer und stellt sich hinten in der Schlange wieder an.

Ist der Startläufer wieder an der Reihe, unterbricht der Trainer kurz und erklärt, welche Fehler gemacht wurden oder was noch besser gemacht werden kann (hier sollte dann auch eine Pausenlänge von 3 Minuten eingehalten werden).

Das Spiel ohne Ball

Erhöhung der Grundschnelligkeit durch bergab laufen

Die Spieler laufen eine Strecke von etwa 60 Metern mit maximaler Geschwindigkeit, wobei die Strecke ganz leicht geneigt ist (eine Neigung von maximal 2 %). Auch hier müssen die Athleten absolut ausgeruht sein. Eine Wiederholung ist für den Fußballer alle paar Wochen ausreichend . Der Sinn der Übung ist, dass die Sportler mit einer höheren Schrittlänge laufen, die sich dann auf der Ebene auch etwas erhöhen kann bei einer gleichen Schrittfrequenz. Diese Trainingsform kann ab der C-Jugend eingebaut werden.

Erhöhung der Beschleunigungsfähigkeit und Grundschnelligkeit über kurze Sprints

Ungefähr 80 Prozent aller Sprints im Fußball beziehen sich auf eine Länge von maximal 20 Meter, nur 1 Prozent liegen über 40 Meter. Die Kurzsprintübungen im Training liegen bei 5 – 40 Meter. Die Pause zwischen den einzelnen Durchgängen liegt bei einer Minute pro gelaufene 10 Meter, 3 – 5 Durchgänge werden gestartet. Im Kreisliga-Bereich liegt die Streckenlänge bei 20 bis 30 Metern.

Beispiel:
Nach einem Aufwärmprogramm und 5 Minuten lockerem Dehnen stellen die Spieler sich in zwei Gruppen hintereinander auf. Auf Kommando laufen immer zwei gegeneinander mit höchster Intensität und aus unterschiedlichen Startpositionen wie stehend, liegend, hockend usw.
Bei einer Strecke über 20 Meter muss eine Pausenlänge von 2 Minuten eingehalten werden, um einen höchstmöglichen Trainingseffekt zu erlangen.
Die Wiederholungszahl wird auf 3 - 5 begrenzt.

 # Das Spiel ohne Ball

Verbesserung der Grundschnelligkeit und der kognitiven Sprintfähigkeiten mittels Linienlauf mit oder ohne Ball

1. Die Spieler laufen hintereinander langsam die gesamte Mittellinie ab. Die Füße setzen dabei genau auf die Mittellinie auf.

2. Jetzt wird ein Steigerungslauf genau auf der Mittellinie durchgeführt. Die Spieler starten wiederum nacheinander. Der folgende Spieler startet allerdings erst, wenn der Vorgänger seinen Lauf komplett beendet hat.

Die Spieler steigern dabei langsam ihre Laufgeschwindikeit und sollen dabei etwa nach 30 bis 40 Metern ihre Höchstgeschwindigkeit erreichen.

Die Füße sollen dabei wiederum genau auf die Mittellinie aufsetzen. Der Körper ist in der Sprintphase komplett aufrecht. der Kopf darf nicht nach vorne geneigt sein, der Kopf steuert den Rumpf.

Der Trainer oder die Trainerin korrigiert gegebenenfalls die Spieler.

Bei einem aufrechten Lauf und dem Aufsetzen der Füße laufen die Spieler schneller und mit einem geringeren Energieverbrauch.

3. Die vorhergehenden Übungen werden nun mit Ball wiederholt. Der Ball soll möglichst genau auf der Linie und eng geführt werden. Dies ist extrem anspruchsvoll. Aber mit der Zeit wird hierdurch die Ballführung immer besser. Hierbei müssen die Fußballer den Ball natürlich genau im Auge behalten, aber trotzdem sollte der Kopf nur geringfügig nach vorn geneigt werden, damit die Übericht auf dem Spielfeld gewahrt bleibt.

Die wichtigsten Tipps

Die wichtigsten Tipps für den Coach einer Kreisliga-Mannschaft

Nun gibt es auch noch andere Faktoren, die für einen Trainer oder eine Trainerin von höchster Bedeutung sind, und den Aufstieg wesentlich unterstützen können.
Die Tipps und Ratschläge, die nun folgen, nehmen an Wichtigkeit zu. Banale, meist selbstverständliche Dinge werden zuerst beschrieben, danach folgen immer mehr komplexere Sachverhalte, die ein guter Coach beachten sollte.
Dieses Kapitel hier sollten Sie mehrmals lesen, damit auch kein "Punkt" vergessen wird.

Einfache, aber wichtige Regeln

° Die Manschaft, der Verein und der Vorstand wird nach "Außen" immer positiv dargestellt, alles andere bringt nur unnötige Unruhe. Besonders für die Spieler bleibt der Vorstand unantastbar. Der Ansprechpartner für die Spieler sind ausschließlich der Trainerstab und die Betreuer. Alle Probleme, die der Trainerstab mit dem Vorstand hat oder bespricht, werden vollkommen diskret behandelt.

° Der Trainer/in muss seinem Co-Trainer und Betreuern höchsten Respekt zukommen lassen, denn ohne diese geht gar nichts. Allerdings muss der Coach auch immer zeigen, dass er der Chef ist, und die Verantwortung für die Spieler und Spielergebnisse zu tragen hat.

 # Die wichtigsten Tipps

° Der Trainer oder die Trainerin stellt sich nicht in den Vordergrund, hält keine langen Reden, sondern gibt präzise Anweisungen. Diese sollten aber auf keinen Fall „militärisch" oder „diktatorisch" klingen.
Fehler müssen offen eingestanden werden, sonst geht mit der Zeit ein Teil des Respekts verloren. Sollten Sie einen Spieler benachteiligt, beleidigt oder bloßgestellt haben, entschuldigen Sie sich dafür. Der betreffende Spieler wird danach noch mehr Respekt vor ihnen haben.

° Ordentliche Erscheinung: der Trainer oder die Trainerin repräsentiert seinen Verein, seine Mannschaft, seine Familie. Gepflegte Kleidung und Körperpflege sollten selbstverständlich sein.

° Sind Sie Raucher, rauchen Sie bitte nur zu Hause, wenn es wirklich sein muss. Hier besteht absolute Vorbildfunktion. Weiterhin verlieren Sie an Respekt, wenn Sie vor Zuschauern, Mannschaft und Vorstand rauchen. Ich persönlich habe einmal als Jugendspieler erlebt, wie ein Trainer der gegnerischen Mannschaft am Spielfeldrand rauchte und nach dem Spiel ein Bier mit einem „Kurzen" trank. In meinem jugendlichen Alter wirkte dies wie ein kleiner Schock.

°Jedes Training bedarf einer guten Vorbereitung. Ein Rahmentrainingsplan für die ganze Saison sollte vorliegen wie Saisonvorbereitung, technische und taktische Periodisierung. Arbeiten Sie oft mit Stationentraining. Hier können Stärken einzelner Spieler perfektioniert werden (z.B. Eckstöße und Freistöße), Schwächen anderer beseitigt werden (wie

konditionelle Probleme   oder technische Schwächen bei der Ballannahme).

° Der Trainer bleibt innerlich relativ ruhig bei „schlechtem" Spiel, zeigt aber Freude bei positiven Ereignissen. Fluchen sollte unterbunden werden. Einzelne Spieler werden nicht angeschrien. Baut ein Spieler „Bockmist" oder wird „getunnelt", nimmt der Trainer unmittelbar danach besser keinen Augenkontakt mit dem Spieler auf. Der Spieler fühlt sich dadurch noch mehr gedemütigt (Studie aus dem psychologischen Fachbereich).

° Siege werden immer der Mannschaft zugeschrieben, Verantwortung für Niederlagen vom Trainer/in übernommen. Außer die gegnerische Mannschaft war von der Spielanlage weit überlegen, hier lag es dann einfach am Gegner.

° Der Trainer oder die Trainerin schenkt der Mannschaft sein ganzes Vertrauen. Nur so kann Erfolg erzielt werden.

° Leidenschaft für den Fußball, den Verein und die Mannschaft muss vorhanden sein. Wer sein Training monoton und gelangweilt „runterspult" (und dafür auch noch Geld bekommt), hat seinen Job verfehlt, die Mannschaft wird nicht erfolgreich sein.

° Mit der Zeit sollte man seine Spieler kennen wie spielerische Fähigkeiten und Charakterzüge.

# Die wichtigsten Tipps

° Die Trainerin oder der Trainer betont immer wieder, dass alle Beteiligten an einem Fußballspiel höchsten Respekt vor den Schiedsrichtern haben müssen. Alle Beteiligten beinhaltet Spieler, Trainer, Betreuer, Zuschauer usw.

Die Schiedsrichter sind unantastbar, und auch Fehlentscheidungen müssen akzeptiert werden. Beleidigungen oder sogar Tätlichkeiten gegenüber den Schiedsrichtern ist vollkommen inakzeptabel.

Die Referees werden es Ihnen als Trainer/in danken, wenn Sie mit ihrer Mannschaft absolut diszipliniert sind, und schnell werden Sie in den Schiedsrichterkreisen als faire Mannschaft bekannt.

Glauben Sie mir aus Erfahrung, das bringt manchmal erhebliche Vorteile. Aus verständlichen Gründen, gehe ich darauf nicht näher ein. Jeder soll sich seinen Teil denken.

Ein Trainer sollte niemals die Schuld für Niederlagen bei den Schiedsrichtern suchen und dies auch noch den Spielern vermitteln.

Im schlimmsten Fall wird der Referee noch während des Spiels vom Coach verbal und aggressiv angegangen. Dies überträgt sich negativ auf die eigene Mannschaft und die unnötige Kritik gegen den Schiedsrichter kann zu einem Bumerang werden. Der Referee pfeift vielleicht unbewusst oder emotional gegen die betreffende Mannschaft. Dies ist wohl häufig in unteren Spielklassen der Fall. Überlegen Sie mal, hier sind Schiedsrichter häufig unsicher und haben wenig Erfahrung, versetzen Sie sich in deren Position. Also, der Schiedsrichter sollte unantastbar bleiben.

Der Trainer hat hat eine Vorbildfunktion für die Spieler und sogar für die Zuschauer. Wenn der Coach die Schiedsrichter

negativ kritisiert, färbt das auf Spieler und Zuschauer ab. Schnell beginnen diese auch mit verbalen Angriffen gegen den Referee, die Situation schaukelt sich hoch. Im Extremfall kommt es zu Tätlichkeiten unter den Spielern, Zuschauern oder sogar gegen den Schiedsrichter. Spielabbruch ist die Folge.

Hat der Schiedsrichter gepfiffen und eine Entscheidung gefällt, bleibt der Trainer oder die Trainerin immer ganz ruhig und die eigene Mannschaft auch. Dieses Verhalten spricht sich rum, und wird der Grund für den einen oder anderen Punkt mehr am Saisonende sein.

Aber gehen wir noch einen Schritt weiter, loben Sie den Referee für gute Leistungen und Entscheidungen. Wie jeder Mensch freut sich auch dieser über Lob und Anerkennung.

Dies ist aber nur ein Teil vom Fairplay. Spieler, Trainer und Zuschauer sind nicht nur fair zum Schiedsrichter.

Ein guter Trainer sorgt auch dafür, dass seine Spieler immer fair gegenüber der gegnerischen Mannschaft sind. Das Motto lautet, wir wollen keine Karten bekommen, nicht foulen, nicht auf Zeit spielen, nicht meckern usw.

Auch dieses spricht sich mit der Zeit bei Schiedsrichtern, Vereinen und Zuschauern herum. Trainer und Mannschaft sind überall gerne gesehen, auch in der Leistung macht sich das langfristig bemerkbar. Schnell werden andere Vereine auf diesen besonnenen Trainer oder Trainerin aufmerksam und ein höher spielender Verein "klingelt" an der Tür.

Jetzt wird Ihnen bewusst, dass der Trainer die Schlüsselfigur zwischen Erfolg und Misserfolg ist. Eine notwendige Spielerqualität ist natürlich immer die Basis.

Die wichtigsten Tipps

° Doch kommen wir zu einem weiteren "Geheimtipp". Die meisten Trainer und Trainerinnen sind überwiegend auf das Spielergebnis fixiert. Auch im Alltag konzentrieren sich viele Menschen nur auf das Ergebnis einer Handlung, Prüfung, Situation usw. Dann wundern sich viele Menschen, warum langfristiger Erfolg ausbleibt. Nehmen wir zunächst ein Beispiel aus dem Alltag. Ein junger Mann hat die Führerscheinprüfung. Der Fahrlehrer hat ihn nach nur 20 Fahrstunden angemeldet, noch nie hatte er so einen guten Fahrer. Er wird wohl mit Sicherheit die Prüfung bestehen. Doch der Prüfer mag diesen jungen Mann nicht, und sucht nur einen Grund, damit er diesen durchfallen lassen kann. Es kommt, wie es kommen muss, der junge Mann besteht die Prüfung nicht. Und jetzt kommen wir zu den Menschen, die nur ergebnisorientiert sind: "Ach, der kann doch nicht fahren, hab vorher schon gewusst, dass der durchfällt."
Im schlechtesten Fall schimpft der Vater noch mit dem Prüfling:"Kannst du eigentlich gar nichts."
So schnell kann man das Selbstvertrauen eines Menschen zerstören. Sie sehen nur das Ergebnis, und nicht das Können eines Menschen. Das Gleiche ist es bei "Reich und Arm". Viele Menschen sehen nur das Materielle bei anderen Leuten, aber nicht wie sie dahin gekommen sind.
Doch kommen wir zum Fußball zurück. Ist ein Trainer oder eine Trainerin nur ergebnisorientiert, stellt sich vielleicht kurzfristig Erfolg ein, aber auf lange Sicht wird dieser vergehen. Eine Mannschaft, die 1:0, 2:1 oder 3:2 verliert, obwohl sie viel besser war und viel mehr Chancen hatte, verdient trotzdem höchsten Lob. Wenn eine Mannschaft viele Aluminiumtreffer hatte, aber der Ball einfach nicht reingeht, dann ist das

einfach Pech. Loben Sie die Mannschaft bei guten Spielen unabhängig vom Ergebnis. Nehmen Sie die Verantwortung bei Niederlagen, trotz guter Spiele, auf sich.

"Ach, war mein Fehler, wir müssen im Training mehr an Angriffen und Chancenverwertung arbeiten."

So wird eine Mannschaft moralisch aufgebaut.

Wenn Trainer ergebnisorientiert sind, vernachlässigen sie auch oft die Ersatzspieler, und stellen immer die besten Spieler auf. Auch hier stellt sich vielleicht kurzfristig Erfolg ein.

Aber irgendwann braucht man die Ersatzspieler, nur diese sind dann nicht mehr motiviert, haben keine Spielpraxis oder schon den Verein verlassen.

Setzen Sie jeden Spieler so oft wie möglich ein. Ist ein Spiel entschieden, lassen Sie die Reservespieler rein, bei Freundschaftsspielen absolvieren diese ganze Spiele.

Und dann noch ein ganz wichtiger Aspekt, arbeiten Sie an den Schwächen der Ergänzungsspieler mittels Stationentraining.

Ist ein Spieler konditionell nicht so gut, trainiert dieser überwiegend an Stationen mit Laufarbeit; fehlt die Passgenauigkeit, werden diese Stationen für den Spieler im Training intensiviert; ist ein Spieler nicht schnell genug, bekommt er ein intensives Sprinter ABC, Sprint- und Sprungkrafttraining usw.

Die Ersatzspieler merken, dass Sie Ihnen wiichtig sind, und werden voll motiviert bleiben.

 **Die wichtigsten Tipps**

° Manche Trainer oder Trainerinnen brüllen am Spielfeldrand. Dies sollte man unterlassen. Wir haben schon genügend Zuschauer oder Eltern, die Spieler oder Schiedsrichter anschreien. Ein Coach darf seine Spieler nicht bloßstellen mit lautstarker und dummer Kritik wie, "den musst du doch machen" oder "das kann meine Oma ja besser" usw.

Bei guten Aktionen aber loben Sie ihre Spieler laut, so können Sie das Selbstvertrauen und die Mannschaft stärken.

Der Coach muss Schwächen der Mannschaft oder eines einzelnen Spielers in Stärken verwandeln. Aber wie geht das.

Ich gebe Ihnen hier einige Beispiele. Kein Spieler kann eine vernünftige Ecke hereinbringen. Sie haben aber einen dribbelstarken Fußballer oder einen extrem schnellen Spieler. Trainieren Sie doch mit diesen die kurz ausgeführten Eckstöße mit allen Varianten bis zur Perfektion. Und schon ist die Sache erledigt.

Oder die Mannchaft besitzt einen lauffaulen Supertechniker, der jederzeit ein Spiel entscheiden kann. Würde er mehr laufen, wäre er noch effektiver. Reden Sie mit dem Spieler, dass dieser bei seinen gewöhnlichen Laufpausen, wenigstens in einem minimalen Laufschritt bleibt. Erklären Sie ihm, dass die kurzfristige Regeneration jetzt viel höher ist, und er aus einem Laufschritt viel schneller in einen Sprint wechseln kann.

Oder besitzen Sie viele schnelle Spieler, dann trainieren Sie mit dem Team häufiger Konter, bis damit Spiele auch gegen stärkere Mannschaften entschieden werden können usw.

Abseitsfalle

Abseitsfalle trainieren „Ja" oder „Nein"

Nach unserer Meinung sollte in Jugendmannschaften und Amateurmannschaften bis mindestens Bezirksliga nicht auf Abseits gespielt werden. Wir befinden uns hier in Mannschaften, bei denen in der Regel der Spaßfaktor im Vordergrund steht. Weiterhin kann dieses taktische Mittel zu einer Überforderung führen, der Schiedsrichter leicht ein Abseits nicht sehen und damit auch nicht pfeifen (geschulte Linienrichter fehlen). Doch wieder wollen wir den Sachverhalt diskutieren.

Grundsätzlich liegt Abseits vor, wenn die angreifende Mannschaft mit dem Ball in der Hälfte des Gegners ist und der Ball nach vorn in Richtung Tor gespielt wird. Bei einem Pass müssen mindestens zwei Spieler des verteidigenden Teams der Torlinie näher sein als die angreifenden Spieler, die den Pass aber auch verarbeiten können. Achtung: Seit 1990 ist in diesem Fall aber „gleiche Höhe" kein Abseits mehr. Ist aber nur ein Spieler (inklusive Torwart) dem eigenen Tor näher als der angreifende Spieler, ist der aktive Angreifer im Abseits und es muss einen Freistoß für die verteidigende Mannschaft geben.

Mit der Abseitsfalle als taktisches Mittel wird die angreifende Mannschaft nun ins Abseits gelockt. Hierbei rücken die Verteidiger bei einem Pass der Angreifer im richtigen Augenblick nach vorn (also nicht wenn der Pass schon gespielt ist, sondern kurz vorher). So laufen die potenziellen Passempfänger des Gegners ins Abseits. Schon hier erkennt jeder die Schwierigkeit einer optimalen Zusammenarbeit bei einer Abseitsfalle.

Abseitsfalle

Wann entscheidet man sich für die Abseitsfalle?

Durch das passive Abseits ist es wesentlich schwieriger geworden, das „Spielen auf Abseits" effektiv zu verwirklichen. Eine Abseitsposition soll nur noch gepfiffen werden, wenn der betreffende gegnerische Spieler auch tatsächlich an den Ball kommen kann. Daher muss die Abseitsfalle perfekt gestellt werden.

D.h., erklären Sie erst einmal jedem Spieler, wann die Abseitsregel überhaupt greift. Es gibt sogar im Seniorenbereich noch Spieler, die nicht wissen, dass es beim Einwurf kein Abseits gibt.

Bei Freistoß kann durchaus auf Abseits gespielt werden.

Bei direkten Freistößen aus gefährlicher Schussposition sollte man nicht auf Abseits spielen, da einige Spieler schon in der Mauer gebunden sind.

Freistöße, die als Flanke in den Strafraum kommen, sind ideal für die Abseitsfalle und leicht zu trainieren. Die zeitliche Abstimmung der Spieler muss stimmen und jedem Spieler einleuchten, wann man sich nach vorne bewegt.

Stehen ein bis zwei Spieler in der Mauer, sollten die gegnerischen Angreifer deutlich hinter ihnen stehen, ansonsten funktioniert die Abseitsfalle nicht. Die anderen Verteidiger gehen vor der Ausführung des Freistoßes bewusst nach hinten in Richtung des eigenen Tores. Sie sollen die Angreifer in die Falle locken. Läuft der Freistoßschütze an, rennen die verteidigenden Spieler zum optimalen Zeitpunkt (abhängig von der Anlaufslänge des Freistoßschützen) geschlossen nach vorn an den Angreifern vorbei. Die Abseitsfalle ist perfekt.

Abseitsfalle

Aus dem laufenden Spiel die Abseitsfalle zu stellen, in Verbindung mit dem passiven Abseits, ist höchst problematisch. Die Abseitsposition muss für den Schiedsrichterassistenten deutlich erkennbar sein. Auf Abseits zu spielen bietet sich hier permanent an, wenn ein eifriger Stürmer immer an der Grenze zum Abseits steht. Die Abstimmung der Abwehrspieler muss genau dann funktionieren, wenn der Pass in die Spitze kommt.

Gegnerische Mannschaften, die für eine offensive Spielweise und Steilpässe in die Spitzen bekannt sind, bieten einen guten „Nährboden" für das Spielen auf Abseits. Spielt der Gegner aber auf Konter oder lässt sich „tief" fallen und der Mittelstürmer wird überwiegend an der Mittellinie angespielt, wird die Abseitsfalle zu einem hohen Risiko.

Jetzt muss dieses taktische Mittel perfekt beherrscht werden und sollte in dieser Situation nur professionellen Mannschaften überlassen werden.

Was sind die Vorteile einer Abseitsfalle ?

Man nimmt der angreifenden Mannschaft die Chance auf einen Torerfolg, beendet deren Angriff vorzeitig und bekommt zusätzlich auch noch den Ballbesitz. Ein eigener neuer Spielaufbau und Angriff kann eingeleitet werden.

Läuft der Gegner permanent ins Abseits, wird er zusätzlich demoralisiert.

Abseitsfalle

Was sind die Nachteile einer Abseitsfalle?

Das hatten wir bereits erwähnt. Die Schiedsrichter erkennen das Abseits einfach nicht und ein Torerfolg der gegnerischen Mannschaft ist sehr wahrscheinlich.

Oder die eigenen Spieler begehen Fehler bei der Abseitsfalle, sie laufen beispielsweise zu spät nach vorn. Hier braucht nur ein Spieler zu „schlafen".

Und nun kommen wir zu einem ganz wichtigen Punkt: das passive Abseits. Ein Spieler steht im Abseits, geht nicht an den Ball und greift überhaupt nicht ins Spielgeschehen ein. Das Spiel wird nun nicht unterbrochen, aber es könnte die Abwehrspieler irritieren.

Weiterhin ist man immer davon abhängig, wie die Schiedsrichter das passive Abseits für sich selbst definieren.

Wie trainiert man die Abseitsfalle?

Das Wichtigste ist, dass die Verteidiger geschlossen und gleichzeitig nach vorn laufen. Durch irgendwelche Signale, Handzeichen oder Zurufe wird vereinbart, in welchen Spielsituationen auf Abseits gespielt wird.

Im Training müssen diese Spielsituationen immer wieder simuliert werden, ansonsten wird die Abwehrfalle zu einem „Bumerang".

Auch die betreffenden Freistoßsituationen werden immer wieder trainiert. Freistöße aus verschiedenen Positionen werden praktiziert und der Trainer weist die Spieler an, welche Situationen nun für eine Abseitsfalle geeignet sind.

Konter

Das Konterspiel / Schnelles Umschalten von Abwehr auf Angriff

Grundsätzlich ist das Konterspiel für jede Mannschaft in diesen Spielklassen möglich und kann bzw. sollte im Training auch geschult werden. Je höher die konditionelle und technische Entwicklung der Spieler ist, desto schneller und besser kann ein Konter vorgetragen werden.

Effektive Übungen dazu werden in unserem Buch „Konter im Fußball" von Manfred Claßen und Wolfgang Schnepper" mit vielen Übungen und Grafiken präzise beschrieben.

Konter

Mit Konter wird im Fußball eine spezielle Handlung und Angriffsalternative bezeichnet.

Früher verstand man unter Konter lediglich ein taktisches Angriffsmittel einer schwächeren Mannschaft (auch durch Unterzahl bedingt) oder einer Mannschaft, die in Rückstand lag.

Im modernen Fußball, besonders in höheren Amateurligen und im Profibereich, wird der Konter sehr häufig und blitzschnell von fast allen Mannschaften eingesetzt.

Dies ist auch möglich, weil die heutigen Fußballer eine viel höhere Laufbereitschaft mitbringen und konditionell wesentlich besser trainiert sind. Der Konter kann immer dann eingeleitet werden, wenn die gerade verteidigende Mannschaft den Ballbesitz zurückerobert und blitzschnell die Initiative ergreift. Dieses extrem schnelle und organisierte Umschalten von Abwehr auf Angriff mit einem gezielten Überraschungsmoment, nennt man Konter.

Konter

Der Gegner ist hierbei oft überfordert oder reagiert zu spät, weil die Mannschaft auf Angriff eingeschaltet war und nun sofort komplett den "Rückwärtsgang" einlegen muss.

Der folgende Angriff ist nun viel gefährlicher als bei einer geordneten Defensivaktion des Gegners und führt verhältnismäßig häufig zu einem Torerfolg.

In vielen Spielen des modernen Fußballs leiten oft beide Mannschaften reihenweise Konter ein, hier spricht man dann auch von einem offenen Schlagabtausch.

Natürlich wird auch immer noch das Konterspiel gegen wesentlich stärkere Mannschaften eingesetzt.

Hier dient diese Taktik aber mehr dazu, die Abwehr kurzfristig zu entlasten und ein Schadensbegrenzung zu erzwingen. Hier bringt jeder Konter etwas Zeit, aber ein Torerfolg ist höchst selten.

Diese Situation liegt häufig vor, wenn z.B. in einem Pokalspiel eine Oberligamannschaft auf einen Bundesligisten trifft. In der Regel wird die Amateurmannschaft überwiegend in die eigene Hälfte gedrängt und entlastet sich mit gelegentlichen Angriffen, hierbei häufig mit Kontern. Die Wahrscheinlichkeit eines Erfolges ist aber sehr gering. Aber wir dürfen nicht vergessen, diese Taktik ist oft die einzige Möglichkeit, um das Spiel zu gewinnen. Spielt die Amateurmannschaft zu offen, ist eine bis zu zweistellige Niederlage durchaus möglich, ein Sieg aber unmöglich.

Das Konterspiel ist also eine taktische Maßnahme, um nach einer Balleroberung schnellstmöglich und kontrolliert zum Torerfolg zu kommen.

Konter

Das Konterspiel wird von guten Mannschaften zu jedem lohnenden Zeitpunkt eingesetzt.

Es ist aber auch ein probates Mittel gegen stärkere Gegner, auch durch Unterzahl bedingt und gegen gegnerische Mannschaften, die fehlerhaft ihre Abwehr „öffnen" oder auch bei einem Rückstand kurz vor Schluss „öffnen" müssen.

Die Einladung zu einem Konter ergibt sich auch nach erfolglosen Standardsituationen des Gegners oder Ballverlusten im Spielaufbau.

Hier möchten wir kurz erklären, wann es sich für eine Mannschaft lohnt, überwiegend die eigenen Angriffe über Konter einzuleiten.

Wir haben es mit einer Mannschaft zu tun, die eine starke Defensive besitzt, aber keine „echten Stürmer". Das Team hat aber zwei oder mehrere Konterstürmer im Kader. Diese Spieler sind extrem schnell, dribbelstark und können den Ball im vollen Sprint optimal verarbeiten. Werden sie aber ständig im Sturm an vorderster „Front" eingesetzt, können sie sich nicht durchsetzen, da sie überwiegend mit dem Rücken zum Tor stehen und auch die Grundschnelligkeit nicht zum Einsatz kommen kann (auf den ersten 10 – 20 Metern kommt lediglich die Antrittsschnelligkeit zum Tragen).

Jetzt macht es keinen Sinn zwei oder drei Stürmer aufzustellen. Hier bietet sich beispielsweise an, mit einer hängenden Spitze aufzulaufen und meine Konterstürmer aus dem Mittelfeld und/oder den Außenverteidigerpositionen in das Offensivspiel zu integrieren. Die Konter werden hierbei natürlich durch die defensiven Mittelfeldspieler unterstützt.

Konter

Konterarten

An einem Konter können ein bis mehrere Spieler direkt beteiligt sein, in Ausnahmesituationen auch die komplette Mannschaft, inklusive Torwart (hierbei wollen wir von einem Konterangriff mit gleichzeitigem Pressing sprechen).

Im einfachsten Fall erobert nur ein Spieler den Ball bei einem gegnerischen Spielaufbau und läuft mit höchster Geschwindigkeit auf das gegnerische Tor zu. Hier sind dann auch Laufwege von 60 Metern oder mehr möglich.

Diese Art "1-Mann-Konter" hat es auch schon in der Bundesliga durchaus gegeben. Hier ist eine hohe körperliche Fitness in Kombination mit einer hohen Grundschnelligkeit erforderlich.

Arjen Robben ist beispielsweise so ein Spielertyp. Vor allem gegen Ende eines Spiels hat dieser Spieler höhere körperliche Reserven und kann damit seine Grundschnelligkeit noch besser ins Spiel bringen. Öffnet der Gegner jetzt gegen Ende des Spiels seine Abwehr und setzt alles auf „eine Karte", kann der Bayern-Spieler einen Konter über eine lange Strecke locker allein mit einem Tor beenden, wie er schon bewiesen hat. Ein Konter kann auch durch zwei Spieler durchgeführt werden. Hierbei fängt einer den Ball ab, schickt seinen Mitspieler, z.B. mit einem langen und genauen Pass, der dann den Torabschluss sucht.

Bei drei Spielern fängt beispielsweise einer den Ball ab, schickt den zweiten über außen, der eine genaue Flanke auf den dritten Mitspieler schlägt.

Bei einem Konter, an dem drei oder mehr Spieler direkt beteiligt sind, kann dieser auch durch schnelles und kurzes

Konter

Passspiel nach vorne ausgetragen werden.

Ein extremer Konter ist gegeben, wenn z.B. ein Spieler im eigenen Sechzehner den Ball abfängt, und jetzt einen genauen Pass auf einen Mitspieler über 60 – 80 Meter schlägt. Der angespielte Mitspieler sollte hierbei eine hohe Grundschnelligkeit besitzen, den Ball im vollen Lauf annehmen und führen können und hohe Torschussqualitäten aufweisen.

Eine weiter extreme Konterart, ist der Konter der gesamten Mannschaft mit integriertem Pressing. Diese Taktik wird kurz vor Spielschluss eingesetzt und ist mit vollem Risiko verbunden. Hierbei wird der Ball beim gegnerischen Spielaufbau erobert und sofort der Konter eingeleitet. Gleichzeitig rücken alle Spieler extrem weit auf, und im Mittelfeld wird eine hohe Spieler-Überzahl geschaffen.

Der Torwart positioniert sich zwischen Sechzehner und Mittellinie und versucht, eventuell lang geschlagene Pässe des Gegners abzufangen, und mit einem ebenfalls langen Pass in den Sturm zurück zu befördern.

Hier die wichtigsten Merkmale eines Konters noch einmal zusammengefasst:

Sofortiges Umschalten von Abwehr auf Angriff; schnelles Dribbling, raumgreifendes Passspiel oder kurzes Kombinationsspiel mit höchstmöglichem Tempo zum Tor; Einschalten von vielen Spielern, falls erforderlich; die Abseitsregeln im Auge behalten. Hohe technische und konditionelle Fähigkeiten der betreffenden Spieler sind für Konter unabdingbar.

Konter

Schnelles Umschalten von Abwehr auf Angriff

Wenn man am Wochenende ins Stadion geht und sich Amateurmannschaften anschaut, vor allem die unteren Amateurklassen, erkennt man oft nach einem Ballgewinn, erst einmal eine Ballsicherung oder einen überhasteten und unkontrollierten Angriff einiger Mannschaftsteile.

Das schnelle Umschalten von Abwehr auf Angriff wurde nie oder selten trainiert. Die gegnerische Mannschaft kann sich ständig gegenüber dem drohenden Angriff formieren und jeglicher Überraschungseffekt bleibt aus. Die Wahrscheinlichkeit eines Torerfolgs sinkt und wertvolle Punkte gehen in der Saison verloren. Es ist klar, dass eine Mannschaft nicht ständig auf Konter oder Pressing spielen kann, weil dazu, vor allem in den unteren Amateurklassen die konditionellen Voraussetzungen nicht vorliegen, aber ein ständig „blindes" oder stark verzögertes Angreifen muss auch nicht sein. Hier hat der Trainer viel Handlungsbedarf.

In gewissen Situationen muss jeder Spieler auf dem Feld (oder fast jeder) blitzschnell auf Angriff umschalten können.

Hier sollte die Grundregel gelten: Verliert die gegnerische Mannschaft vollkommen unerwartet den Ball, und wir sind im sicheren Ballbesitz aus dem „freien Spiel" heraus, erfolgt immer sofort der Konter.

Erfolgt der Ballgewinn in den hintersten Reihen, sind oft Verteidiger oder sogar der Torwart die ersten Spieler, die an einem Konter beteiligt sind.

Hierbei spielt dann der Torwart/Verteidiger den ersten schnellen Pass oder der Verteidiger sucht Tempodribbling

Konter

Hier dürfte jedem klar sein, dass der Torwart bei einem unerwartetem Ballgewinn kein Tempodribbling startet.

Es gibt allerdings, besonders in unteren Amateurklassen, Abwehrspieler, die mit jeglicher Offensivarbeit überfordert sind und auch für ein Tempodribbling zu langsam und unsicher. Diese Spieler haben dann lediglich die Aufgabe nach einem Ballgewinn so schnell wie möglich ein sicheres Abspiel zu suchen. Wichtig ist aber, dass der Ball nicht in den Abwehrreihen gehalten wird, sondern sofort das Spiel nach vorne gesucht wird.

Wird der Ballgewinn in der hintersten Abwehrreihe erzielt, sind oft alle Mannschaftsteile direkt oder indirekt an einem Konter beteiligt.

Hat ein Abwehrspieler den Ballbesitz erkämpft und ist gleichzeitig dribbelstark, kann er durch ein kurzes Tempodribbling mehrere Gegenspieler auf sich konzentrieren und bereitet freie Anspielmöglichkeiten im Sturm vor. Seine Mitspieler rücken schnell vor, die Offensivkräfte suchen den freien Raum und der Gegner hat keine Zeit mehr, sich zu formieren.

Wie schon erwähnt, kann ein Konter auch in Unterzahl gefährlich sein, wenn er gezielt und genau vorgetragen wird.

Hier nimmt der Torwart einen besondere Rolle ein. Hat er den Ball sicher gehalten oder erobert, sieht man oft sein langsames Abspiel.

Nein, der Torwart soll hier blitzschnell den Ball wieder ins Spiel bringen, damit die gegnerische Abwehr sich nicht formieren kann.

Dieses muss dem Keeper bewusst gemacht werden und im Training gezielt gefördert werden.

Konter

Er sollte im Training genaue Abwürfe und Abschläge immer wieder üben. In vielen Amateurmannschaften wird dieses viel zu wenig trainiert.

In Trainingsspielen bekommt der Torwart z.B. die Option, wenn er den Ball erobert, hat er ein sofortiges Abspiel zu suchen.

Zusätzlich kann vereinbart werden, dass nur nach vorne gespielt oder gedribbelt werden darf (hierbei empfiehlt es sich ohne Abseits zu spielen). Jetzt müssen die Spieler das Risiko suchen, gehen in den direkten Zweikampf, suchen den Doppelpass oder den freien Raum vor dem gegnerischen Tor.

Diese Trainingsform stärkt zudem das Selbstvertrauen der Spieler für die Offensivarbeit.

Umschalten / Konter

Das Umschalten bedeutet das Wechseln von Abwehr- auf Angriffsverhalten bei Ballgewinn und Angriffs- auf Abwehrverhalten bei Ballverlust.

Jetzt könnten spitzfindige Menschen behaupten, Konter und das Umschalten von Abwehr- auf Angriffsverhalten ist ja das Gleiche.

Diese Aussage enthält aber nur eine Teilwahrheit. Der Konter ist immer auch mit einem Umschalten von Abwehr- auf Angriffsverhalten verbunden, umgekehrt aber nicht.

Das Umschalten in die Offensive bei Ballgewinn muss nicht, wie beim Konter, immer sofort erfolgen.

Hier kann, z.B. der Ball erst einmal in den eigenen Reihen gehalten werden, weil die Mannschaft Zeit gewinnen will, sich sortieren muss, eine Erholungsphase braucht, der

schnelle Angriff zu diesem Zeitpunkt sinnlos ist, der Gegner geschickt zustellt und sofort organisiert ist oder sich der schnelle Angriff festgerannt hat.

Das schnelle Umschalten von Angriffs- auf Abwehrverhalten ist logischerweise das beste Mittel gegen Konter und braucht eine gute Fitness aller Spieler.

Im Profifußball und den höheren Amateurklassen ist die Schnelligkeit des Umschaltens von Offensive auf Defensive und umgekehrt sehr oft spielentscheidend.

Hier fallen über 70% aller Tore, weil die betreffenden Mannschaften zu diesem Zeitpunkt nicht korrekt gegen einen Konter organisiert sind.

Das schnelle Umschalten von Angriffs- auf Abwehrverhalten beinhaltet nicht nur das Zurückziehen in die eigene Hälfte, um aus einer kompakten Position den Ballgewinn wieder einzuleiten und das eigene Tor zu schützen, sondern kann auch durch ein gezieltes Pressing eingeleitet werden.

Konter und ein schnelles und gezieltes Umschalten in beide Richtungen sollten schon ab der Jugend trainiert werden. Aber auch mit Seniorenmannschaften in den unteren Amateurligen, können hiermit noch erhebliche Leistungssteigerungen erzielt werden.

Training von Konter und schnellem Umschalten können hervorragend mit Spielfreude, Zweikampfverhalten, Doppelpassschulung, Hinterlaufen, Übergeben/Übernehmen, weite Pässe, intensive Konditionsschulung, auch aus dem Trainingsspiel heraus, usw. trainiert werden.

Pressing

Königsdisziplin Pressing

Da wir nun unsere Mannschaft auf ein hohes konditionelles Niveau gebracht haben, können wir getrost auf ein Pressing umstellen, wenn unsere Mannschaft in Rückstand gerät. Praktische Übungen mit vielen Grafiken finden Sie reichlich in unserem Buch „Pressing mit System" von Manfred Claßen und Wolfgang Schnepper.

Da die heutigen Fußballregeln zum größten Teil in England erfunden wurden, sind viele Begriffe aus dem Englischen in den deutschen Fußball gelangt, wie Pressing und Forechecking etc. Pressing bedeutet wörtlich Druck ausüben".

Pressing oder Druckspiel (obwohl der Ausdruck „Druckspiel" nicht ganz richtig ist, weil er auch das unorganisierte Pressen einzelner Mannschaftsteile bedeutet und zu Missverständnissen führen kann), ist eine spieltaktische Variante im Sport. Am Pressing beteiligen sich in der Regel alle Mannschaftsteile. Die Grundidee ist, dem Gegner möglichst wenig Zeit zu geben, sein Spiel ruhig und kontrolliert aufzubauen, damit er zu Fehlern gezwungen wird. Dies erfolgt durch die Verengung des Spiel- und Handlungsraumes für den jeweils ballbesitzenden Spieler der angreifenden Mannschaft. Ziel ist es, Überzahlsituationen in Ballnähe und im Besonderen „2 oder 3 zu 1 Situationen„ beim ballführenden Gegenspieler zu schaffen. Die Gegenspieler in Ballnähe werden in eine enge Deckung genommen. Grundvoraussetzungen für Pressing sind hohe Laufbereitschaft der Spieler, Dynamik, Kondition und Spielverständnis.

Pressing

Im Kreisligafußball wird Pressing oft intuitiv von Spielern durchgeführt, aber meistens ist das falsch organisiert und nur einzelne Mannschaftsteile sind daran beteiligt. Diese Art von Pressing erfolgt in der Regel gegen schwächere Gegner, was die eigenen Stürmer sofort erkennen und nun Fehler bei den Verteidigern durch schnelles Angreifen provozieren, um ihre Tore zu schießen.Oft werden diese Spieler von Trainer und Elternteilen sogar noch zu diesen Einzelaktionen mit Anfeuerungen wie „mach den fertig",„ der kann nichts", hol dir die Kugel" oder „geh drauf" provoziert.

Diese Aktionen können wir aber nicht als „zivilisierten" Fußball bezeichnen, sondern nur als kräftezehrende Einzelattacken.

Pressing ist immer ein Unterfangen der gesamten Mannschaft, ist an kein Spielsystem gebunden, auch nicht an Raum- oder Manndeckung oder mit oder ohne Libero.

Pressing ist also eine kollektive Spieltaktik und wird von mehreren, aber in der Regel von allen Spielern, gleichzeitig eingesetzt. Hier müssen wir deutlich unterscheiden zwischen Pressing und Druckspiel. Das Druckspiel besteht aus Einzelaktionen, wobei einzelne Spieler den Handlungsraum des gegnerischen Ballbesitzers stören, einschränken oder sogar den Ballbesitz zurückerobern.

Diese Art der Verteidigung ist natürlich im Strafraum oder Strafraumnähe absolut notwendig, um eine Torchance des Gegners abzuwehren.

Aber auch in der Aufbauzone müssen einzelne Spieler mit extremem Druck auf den Gegner agieren, um in Ballbesitz zu kommen oder das Aufbauspiel massiv zu stören.

Es gibt auch aufgeweckte Stürmer, die immer genau

Pressing

erkennen, wann es sich lohnt einen Verteidiger oder den Torwart in Ballbesitz, gezielt und extrem anzugreifen.

Dieses Unterfangen hat aber nichts mit Pressing zu tun. Im Pressing agieren immer mehrere Spieler in kooperativer Weise, um in Ballbesitz zu gelangen. Die Taktik hat also nur ein Ziel, den Spielraum und die Angriffstaktik zu stören, um dann in einer viel kürzeren Zeit, wieder in Ballbesitz zu gelangen.

Wir können also nur ein Pressing spielen, wenn der Gegner in Ballbesitz ist und wenn im Training eine Taktik festgelegt wurde, wie man den Ballbesitz gemeinsam zurückerobert.

Weiterhin können wir unterscheiden zwischen einem Pressing über das gesamte Spielfeld oder einem partiellen Pressing.

Bei einem partiellen Pressing wird nur in bestimmten Bereichen des Spielfeldes oder wenn bestimmte Spieler in Ballbesitz sind gepresst.

Im folgenden Abschnitt zeigen wir einige Beispiele des partiellen Pressing.

Beim partiellen Pressing kann der Trainer zum Beispiel festlegen, wir pressen nur:

° bei Ballbesitz des Gegners an der Außenlinie (hier kann eine Überzahl besser geschaffen werden
und die Abspielmöglichkeiten des Gegenspielers sind begrenzt),

° bei Ballbesitz eines technisch schwachen Gegenspielers,

° bei Ballbesitz eines leicht angeschlagenen Gegners,

Pressing

der dadurch in seinen Aktionen eingeschränkt ist (diese Taktik ist nicht unfair, wenn hier nicht mit Faulspiel agiert wird),

° bei Ballbesitz eines Gegenspielers mit schlechter Tagesform,

° ungenaues Anspiel eines Gegenspielers, der dadurch Schwierigkeiten der sofortigen
   Ballkontrolle bekommt,

° oder bei Ballbesitz eines besonders starken gegnerischen Spielers (hier 3 gegen 1).

Alle diese unterschiedlichen taktischen Maßnahmen werden allerdings vom Trainer allein festgelegt.

Vorüberlegungen

Merke: Es gibt allerdings eine Ausnahmesituation einen Spieler aus dem Pressingverhalten (Mittelfeld- und Abwehrpressing) mehr oder weniger herauszunehmen).
Besitze ich einen „Wunderstürmer", der mir 20 – 50 Tore pro Saison garantiert, aber an Wirksamkeit verliert, weil weil seine Laufwege und Aufgabenbereiche durch taktische Maßnahmen zugenommen haben, muss ich diesen Spieler von solchen Zusatzaufgaben entlasten, ansonsten wird eine taktische Anordnung zu einem Bumerang.

Pressing

Diesen Spieler muss man überwiegend vom Pressing befreien.

Wir geben hier eine kurze physiologische Erklärung ab, warum bestimmte Spielertypen nicht ständig mit vielen Laufwegen und kämpferischen Aktionen konfrontiert werden dürfen.

Manchmal beobachten wir Stürmer, die uns „lauffaul" erscheinen, die aber förmlich explodieren, sobald sie in Ballnähe oder Ballbesitz sind. Diese Spielertypen sind extrem antrittsschnell und kaum vom Ball zu trennen.

Aber was unterscheidet diese Spieler körperlich von anderen?

Jeder Mensch besitzt langsame oder schnelle Muskelfasern, die langsamen sind gut für Ausdauerleistungen und die schnellen für Schnellkraft und Schnelligkeit.

Es gibt nun Stürmer, die überwiegend schnelle Muskelfasern in der Beinmuskulatur haben und damit den anderen Spielern an Schnelligkeit, Sprungkraft und Schusskraft weit überlegen sind (Voraussetzung ist natürlich eine gute Koordination und bei der Schusskraft eine gute Technik).

Konfrontiere ich diese Spieler nun permanent mit Laufleistungen, übersäuern und ermüden diese Spieler und verlieren an Torgefährlichkeit, bis hin zur „Torharmlosigkeit".

Der Trainer muss solche Ausnahmespieler erkennen und dementsprechend in seine taktischen Maßnahmen einbauen, damit solche spielentscheidenen Athleten nicht durch eigene Maßnahmen blockiert werden. Auch im Training werden diese Spieler nicht ständig mit harten, übersäuernden Trainingsübungen überlastet, weil sonst die Dynamik

darunter leidet.

Um dies extrem zu verdeutlichen, stellen wir uns Folgendes vor:

Trainiere ich einen 100m Sprinter zusätzlich regelmäßig mit harten Ausdauereinheiten, wird dieser über 100 m bis zu einer Sekunde langsamer laufen.
Hier kann der Autor, Wolfgang Schnepper, aus eigener Erfahrung sprechen. Als er vom Fußball zum Triathlon wechselte, verschlechterte sich seine 100 m Zeit innerhalb von einem Jahr von 11,3s auf 12,2s und nach vier Jahren auf 13,2s (dieser Prozess ist zum Glück umkehrbar).
An einer harten Saisonvorbereitung auch im Ausdauerbereich müssen allerdings immer alle Spieler teilnehmen, damit eine konditionelle Grundlage für die Saison geschaffen wird.

Pressing sollte aber auf keinen Fall gegen einen wesentlich stärkeren Gegner (wesentlich stärker heißt einen Gegner, der in allen Bereichen stark überlegen ist und die Mannschaft sowieso hinten einschnürt) oder bei konditionellen Schwächen gespielt werden. Bei Unterzahl von einem Spieler kann eventuell gepresst werden, wenn man dem Gegner konditionell überlegen ist oder man kurz vor Spielschluss ein Tor braucht. Bei einer Unterzahl von mehr als einem Spieler wird nicht gepresst, sondern die Mannschaft postiert sich in der Regel weit zurückgezogen in der eigenen Hälfte, verengt die zentralen Räume und kann allenfalls auf Konter hoffen.

Pressing

Grundlagen für das Pressing schaffen

Neben den bereits erwähnten Grundvoraussetzungen für das Pressing (hohe Laufbereitschaft der Spieler, Dynamik, Kondition und Spielverständnis) müssen weiterhin Grundlagen für das Pressing geschaffen werden, bevor der Trainer mit dem eigentlichen Training des Pressings beginnt.

Im Wesentlichen müssen 3 Grundlagen geschaffen werden, um effektiv zu pressen:

1. Doppeln

2. Defensivspiel der Viererkette (Pressing ist zwar auch mit Libero möglich, jedoch nicht so effektiv)

3. Verschieben

Das Doppeln

An dieser Stelle erläutern wir den Begriff „Doppeln", weil viele Fußballer die genaue Bedeutung des Begriffs überhaupt nicht kennen.

Doppeln bedeutet zunächst das Bedrängen eines Angriffsspielers, der in Ballbesitz ist, von zwei gegnerischen Spielern. Es bedeutet aber nicht das gleichzeitige und synchrone Angreifen der beiden Spieler. Hier besteht die Gefahr, dass der Stürmer mit einem Trick zwei Gegner ins Leere laufen lässt.

Vielmehr wird der Spieler, der schon einen Gegenspieler mit Ballbesitz attackiert, von einem weiteren Mitspieler

Pressing

dabei unterstützt und eine "2 : 1 Situation" entsteht.
Das zeitliche Zusammentreffen der beiden Spieler auf den Gegner kann allerdings in einem sehr kurzen Zeitintervall geschehen und kommt in der Regel aus unterschiedlichen oder leicht unterschiedlichen Richtungen.

Auch kann der zweite Spieler ein passiver Unterstützer sein, der zunächst nur den entsprechenden Raum zustellt und den Angreifer zusätzlich unter Druck setzt.

Für das Doppeln sind zwei Spieler gemeinsam nötig und die Aufgaben müssen aufeinander abgestimmt sein. Durch das Doppeln soll ein Vordringen des ballführenden Gegenspielers (vor allen Dingen durch die Spielfeldmitte) verhindert oder zumindest behindert werden.

Abwehrpressing

Beim Abwehrpressing wird dem Gegner bewusst die Zeit gegeben, den Angriff angeblich in aller Ruhe aufbauen zu dürfen. Dabei wird versucht, den Ball in bestimmte Zonen des Feldes zu lenken, um dann in der eigenen Spielhälfte mit einer Spielerüberzahl den Ball zu erobern. Diese Art des Pressings beginnt 8-20 Meter vor der Mittellinie (je nach Art des Abwehrpressings bis zum eigenen Strafraum).

Mit anderen Worten, wer Abwehrpressing praktiziert, muss warten, bis der Gegner die Linie einer bestimmten Spielfeldzone erreicht hat, um dann die Pressingstrategie in die Realität umsetzen. Abwehrpressing bedeutet, das Angriffsspiel des Gegners zu blockieren. Der Gegner darf quer- und auch rückpassen, aber Pässe in das Abwehrzentrum werden sofort heftig attackiert, wobei alle

Pressing

Spieler defensiv sind und permanent verschieben müssen, wenn das Spiel sich auf links oder rechts verlagert.

Der Nachteil, dass der Gegner nun häufig in Ballbesitz ist, ist kein wirklicher Nachteil, weil er häufig nur sinnlos hin- und her passt und das Spiel durch die eigene Mannschaft über Konter und schnellen Angriffsfußball gewonnen werden kann. Der wichtigste Punkt ist aber, dass die zweite Abwehrreihe (drei oder vier Spieler) sich nicht aus dem Abwehrbollwerk herauslocken lässt und zu früh angreift, sonst kann diese Kette schnell ausgehebelt werden und die erste Abwehrreihe mit nur vier Spielern sieht sich plötzlich 5 – 6 Angreifern gegenüber.

Weiterhin müssen besonders die gegnerischen Spieler mit einem gewaltigen Torschuss rechtzeitig bei einem Ballbesitz gestört werden, damit diese nicht mit einem Weitschuss zum Erfolg kommen. Bei diesen Spielern wird schon 30 Meter vor dem Tor die Schusslinie zugestellt.

Wichtig ist also das Verschieben der ganzen Mannschaft bei Querpässen bzw. bei Rückpässen, und dass der Abstand zu den nächsten Mitspielern nur 7 bis 10 Meter beträgt.

Die Mannschaft steht sehr tief und verfolgt das Aufbauspiel des Gegners und wartet auf Fehler. Erfolgt das Spiel nach außen, wird mit den entsprechenden Handlungen wie Doppeln und Verengung der Räume begonnen.

Die wichtigsten Aspekte für ein erfolgreiches Abwehrpressing sind:

° Verengung der Räume

Pressing

° Angreifen und Doppeln des Ballbesitzes

° Deckung der potentiellen anspielbaren Gegnerische

° Geschultes Abwehrverhalten in Bezug auf Stellungsspiel, Verschieben, Verteidigen und Tackling

° Schnelles Umschalten von Abwehr auf Angriff

Von höchster Wichtigkeit ist, dass der Gegner nicht näher als 25 – 30 Meter ungestört vor dem eigenen Tor agieren darf, da sonst Fernschüsse eine große Gefahr darstellen.
Auch hier muss wieder auf „schussgewaltige" Spieler geachtet werden, die noch früher attackiert werden sollten.
Die gesamte Mannschaft lässt sich also zurückfallen und setzt mit einer dicht gestaffelten Abwehrformation den Gegner unter Druck. Das eigene Offensivspiel beläuft sich lediglich auf Konter und nach einer Balleroberung werden blitzschnell Steil-, Diagonal- oder Doppelpässe eingeleitet, bzw. Tempodribblings.
Auch die Stürmer ziehen sich bis in die eigene Spielhälfte zurück, müssen ein hohes Laufpensum absolvieren und bei Ballgewinn kräftezehrende Sprints zum gegnerischen Tor zurücklegen.
Im Gegensatz zur gängigen Literatur kann Folgendes festhalten werden:
Abwehrpressing kann in der Regel keine erfolgreiche Taktik gegen haushoch überlegene Mannschaften sein. Diese Pressen die wesentlich schwächere Mannschaft sowieso in eigenen Hälfte fest.

Pressing

Wann macht Abwehrpressing Sinn?

Die Taktik kann gegen Mannschaften aufgehen, die zwar überlegen sind, aber nicht extrem und nicht in allen Bereichen. Abwehrpressing bietet sich für Mannschaften an, die in der Abwehr große und kopfballstarke Spieler und einen Strafraum beherrschenden Torwart haben, um eventuell häufige Flanken des Gegners abzufangen.

Für Mannschaften, die schnell auf Angriff umschalten können, im Kontern gefährlich sind und im Sturm extrem schnelle Spieler besitzen, die den Torabschluss suchen, bevor der Gegner sich wieder formiert hat.

Weiterhin sollten Mannschaften, die Abwehrpressing spielen, sich in einem guten konditionellen Zustand befinden und einen Torwart besitzen, der nicht nur auf der Linie gut ist, sondern auch den Strafraum sicher verwaltet.

Mittelfeldpressing

Ziel des Mittelfeldpressings ist es, den Gegner unter Druck zu setzen bzw. Druck auf den Ball auszuüben. Am Mittelfeldpressing wird die gesamte Mannschaft beteiligt. Dabei befinden sich alle Feldspieler beim gegnerischen Spielaufbau hinter dem Ball und im mittleren Drittel des Spielfeldes (Länge: 30 bis 40 m). Der gegnerische Angriff wird durch die Stürmer am Ende des Drittels erwartet. Beim Spiel des Gegners in die Zone, wird sofort versucht, in Ballnähe Überzahlsituationen herzuetellen. Also hier sind die Zauberwörter "Doppeln und Verschieben".

Pressing

Diese Überzahl am Ball soll zu einer kontrollierten Balleroberung führen und der Beginn einer herausgespielten Torchance sein. Die Grafik stellt die Grundordnung für das Pressing dar.

Mittelfeldpressing ist die eigentliche Form des Pressings, die von den meisten Mannschaften praktiziert wird. Diese Art des Pressings kann auch gegen eine technisch und konditionell etwas bessere Mannschaft eingesetzt werden.

In der Regel lässt man den Gegner bis maximal 10 Meter vor der Mittellinie unbehelligt spielen. Hinter dieser gedachten Linie wird der Gegner dann angegriffen und ein Rück- oder Querpass soll verhindert werden, wobei natürlich auch der direkte Weg zum eigenen Tor zugemacht werden muss. Auch der erste Pass in die Mittelzone kann schon heftig attackiert werden (bietet sich besonders bei technisch schwächeren Teams an). Hier verliert der Gegner eventuell sofort den Ball und stellt mit der Zeit auf Verzweiflungstaten, wie Dribblings oder weite Pässe um.

Mittelfeldpressing über die gesamte Spielzeit

Mittelfeldpressing kann über einen langen Zeitraum, bei einer konditionell sehr starken Mannschaft, sogar während des ganzen Spiels praktiziert werden.

Hierbei sollte die Mannschaft jedoch über einige Varianten des Mittelfeldpressings verfügen.

Wird immer z.B. ein Außenverteidiger gedoppelt, so kann sich der Gegner hier natürlich relativ schnell einstellen.

Auch sollten immer wieder Pressingpausen absolviert werden, um das eigene Spiel variabler zu gestalten.

Pressing

Hier wird es dem Gegner noch schwerer gemacht, sich auf das eigene Spiel einzustellen.

Forechecking

Forechecking (engl.Bez.) oder zu Deutsch Angriffs-verteidigung, ist eine spieltaktische Variante im Sport, die zuerst im Eishockey verwendet wurde und später auch im Fußball. Forechecking bezeichnet das frühzeitige Stören bzw. Attackieren des gegnerischen Angriffs bereits in der gegnerischen Hälfte bzw. Drittel (Eishockey).
Diese spieltaktische Variante erfordert gute konditionelle Fähigkeiten, vor allem der Mittelfeldspieler und Stürmer, da diese überwiegend das Forechecking ausführen.

Forechecking ist weiterhin unter dem Begriff „Angriffspressing" bekannt.

Beim Forechecking wird der Gegner frühzeitig in seiner eigenen Hälfte angegriffen und zu Fehlern im Spielaufbau genötigt. Die Spieler müssen fähig sein, diese Situationen zu erkennen, um einen schnellen Ballgewinn zu erreichen. Beim Ballgewinn entsteht die Möglichkeit, sofort zum Torabschluss zu kommen, weil man sich bereits weit in der gegnerischen Hälfte befindet.

Diese taktische Variante ist kräftezehrend und kann meistens nur kurzzeitig (Ausnahmen werden noch erörtert) angewendet werden.

Pressing

Schlechtes Angriffspressing sieht man häufig und endet oft in einer „Katastrophe". Die verteidigende Mannschaft attackiert den Gegner planlos, ohne dass ein wirkliches Doppeln entsteht.

Die Abstände zum Gegner sind hier in der Regel zu groß. Der Gegner entkommt mit schnellen Kombinationen und kann das Mittelfeld schnell überbrücken. Hier ist der Gegner dann oft mit zwei bis drei Anspielstationen vor dem eigenen Tor.

Beim Forechecking müssen die Spieler eine hohe Laufbereitschaft mitbringen, weil sie sich immer wieder Richtung Ball bewegen und bei einem Versagen des Pressings sofort in die Defensive umschalten. Gelingt das nicht, kann der Gegner blitzschnell einen Konter durchführen.

Ein Pressing kann direkt nach Spielbeginn der ersten oder zweiten Halbzeit, bei einem Rückstand oder als taktische Variante urplötzlich während des Spiels ausgeführt werden.

Gegen eine wesentlich schwächere Mannschaft kann ein Forechecking auch über einen längeren Zeitraum sofort eingesetzt werden, um das Spiel früh zu entscheiden. Weiterhin kann gegen eine solche Mannschaft ein Angriffspressing auch über einen wesentlich längeren Zeitraum durchgehalten werden, weil Ballverluste des Gegners wahrscheinlicher sind und damit die Laufarbeit auch geringer. Der Zeitpunkt des Pressings wird in der Regel vom Trainer oder einem ausgewählten Spieler allein bestimmt.

Der optimale Zeitpunkt des Forecheckings ist das Anspiel eines zentralen Abwehrspielers auf einen relativ schwachen Außenverteidiger. Einen Außenverteidiger kann man logischerweise mit weniger Mitspielern zustellen, als einen zentralen Gegenspieler.

Pressing

Erkennt der Trainer oder die Trainerin einen gegnerischen Außenverteidiger, der einen ganz schwachen Tag erwischt hat, bietet es sich an, dass er ganz spontan ein Angriffspressing anordnet, wenn dieser angespielt wird.

Auf Kommando des Trainers verschieben alle Spieler Richtung ballführenden Außenspieler. Der Stürmer mit der größten Entfernung zum Ball stellt die Rückpassmöglichkeit des Außenverteidigers zu. Der Stürmer mit der kürzeren Entfernung zum Ball doppelt den Verteidiger mit Ballbesitz zusammen mit dem entsprechenden äußeren Mittelfeldspieler. Die anderen Mitspieler stellen schnellstens alle Anspielstationen zu.

Der eigene Torwart rückt weit vor, um z.B. geschickte Pässe des Gegners über die Abwehrkette abzufangen.

Merke: Wie weit der eigene Torwart wirklich vorrücken soll, ist entscheidend davon abhängig, in welcher Liga wir uns befinden, ob Jugend- oder Seniorenbereich, welche Schusskraft der Gegner hat und wie schnell und gut der Torwart ist.

In einer Jugendmannschaft kann der Torwart relativ weit vorrücken, da es hier in der Regel keine Spieler gibt, die einen Torschuss über 70 – 80 Meter abgeben können. Bei Seniorenmannschaften in unteren Klassen wird es auch fast keine Spieler mit einer riesigen und so genauen Schusstechnik geben.

In den höheren Ligen sieht das anders aus. Hier muss der Torwart immer mit einem gewaltigen Weitschuss rechnen.

Es gibt Fußballer, die einen Ball 80 – 100 Meter weit und noch relativ genau schießen können.

Pressing

Der Torwart wird hier über die Gegenspieler mit dieser enormen Schusskraft informiert und behält diese Spieler im Auge. Bei einem Zuspiel dieser besagten Fußballer reduziert der Torwart im Rückwärtsgang die Entfernung zum eigenen Tor um einige Meter.

Kommen wir zurück zur Erläuterung des grundlegenden Verhalten beim Forechecking.

Die Innenverteidiger sind die einzigen Feldspieler in der eigenen Spielfeldhälfte etwas hinter der Mittellinie. Die Außenverteidiger rücken in die gegnerische Hälfte vor und die Mittelfeldspieler postieren sich massiv im zentralen Mittelfeld. Die äußeren Mittelfeldspieler sind recht weit innen justiert und erzwingen dadurch sehr oft einen Spielaufbau über die gegnerischen Außenspieler. Die entscheidenden Faktoren im Angriffspressing sind nun, dass schon beim Zuspiel auf den Außenverteidiger, alle Spieler sofort ihre Pressingaufgabe erfüllen. Sofort stellt der Stürmer die Rückpassmöglichkeit zu und der Außenverteidiger wird gedoppelt. Scheitert allerdings das Doppeln und der Gegner kann den Ball sicher unter Kontrolle bringen, wird das Pressing abgebrochen (was aber nicht die Regel ist). Der Außenverteidiger wird jetzt nur von einem Spieler angegriffen und der nächst angespielte Gegenspieler wird gedoppelt.

Die Rückpassmöglichkeit bleibt logischerweise versperrt. Setzt der Außenverteidiger zu einem Dribbling nach hinten an, um sich aus der Gefahr zu befreien, so wird das Pressing von der ganzen Mannschaft eingehalten und der Außenverteidiger weiter gestresst. Beim Forechecking sollte dem Gegner eine Falle gestellt werden. Bestimmte Spieler

werden locker oder überhaupt nicht gedeckt. Das sieht dann nach einem sicheren Anspiel für den Gegner aus. Es wurde aber vorher abgeklärt, dass zum Zeitpunkt eines Anspiels auf diese Spieler ein Forechecking durchgeführt wird. Sofort wird der Torwart zugestellt und der ballführende Spieler attackiert. Alle weiteren Maßnahmen des Pressings werden eingeleitet. Der Gegner ist überrascht und wird unter Umständen zu einem schnellen Ballverlust genötigt.

Diese Art des Angriffspressing bietet sich besonders bei einer gegnerischen Mannschaft an, die in der Abwehr relativ unsichere Spieler hat. Diese Gegenspieler werden nach Absprache und Einläuten des Pressings nur locker oder gar nicht gedeckt. Beim Anspiel ist die Wahrscheinlichkeit einer Balleroberung wesentlich höher.

Pressing mit „weiten Bällen"

Es gibt allerdings noch weitere Varianten des Angriffspressings. Bei einer Variante spielt die Mannschaft bewusst weite Bälle aus der Abwehr heraus in den Rücken der gegnerischen Viererkette. Die gesamte Mannschaft setzt nach und eine Art Angriffsspiel wird eingeleitet. Der Gegner fällt sofort hinter den Ball und muss das Spiel umstellen.

Diese Angriffstaktik bietet sich bei relativ schwachen gegnerischen Abwehrspielern und bei einem hohen Anteil sprintstarker Mannschaftsteile an. Sie findet jedoch auch Anwendung bei Gegnern, die kein eigenes Aufbauspiel zulassen.

Nach dem langen Pass sprinten die Offensivkräfte nach vorn und attackieren die sich zurückziehenden und vermutlich

Pressing

in Ballbesitz kommenden gegnerischen Verteidiger. Auch alle anderen Spieler rücken schnell auf und stellen mögliche Anspielstationen zu.

Bei einem weiten Pass des Gegners in die andere Hälfte steht dieser dann im Abseits. Der eigene Torwart rückt ebenfalls vor und kann lange Bälle zusätzlich abfangen.

Der weite Pass muss allerdings sehr genau in den Raum gespielt werden, damit der Torwart ihn nicht erlaufen kann. Spielt ein Verteidiger den Ball zum Torwart, wird dieser sofort angegriffen.

Extremes Forechecking

Extremes Forechecking bedeutet ein Pressing schon ab dem Sechzehner des Gegners, d.h. auch wenn ein Gegenspieler in der Nähe des Strafraums zum Spielaufbau angespielt wird, erfolgt sofort das entsprechende Druckspiel.

Diese Spielweise ist sehr kräftezehrend und unter Umständen sehr riskant. Sie wird z.B. eingesetzt bei einem unbedingten Torerfolg kurz vor Ende der Spielzeit, bei einem Gegner, der so erschöpft ist, dass diese Taktik erfolgversprechend ist. Auch kann sie bei einem Gegner, der mit mehr als einem Spieler in Unterzahl spielt oder bei einem sehr schwachen Gegner angewendet werden. Jeder Gegner kann durch diese Vorgehensweise vollkommen verunsichert werden.

Da die Pressingzone jedoch viel größer ist als beim normalen Pressing, können die Räume hier nicht so eng gemacht werden.

Kabinenansprache

Kabinenansprache Jugend / Senioren

Die Mannschaftsansprache vor dem Spiel sollte bei Jugendlichen maximal 10 Minuten, bei Senioren maximal 15 Minuten betragen. Die Ansprache soll motivieren und sich in der Regel nur auf Dinge beziehen, die bereits im Training angesprochen worden sind. Im Jugendbereich soll die Ansprache zudem beruhigend wirken und den Jugendlichen verdeutlichen, dass sie nun die vermittelten Trainingsinhalte der letzten Woche in die Praxis umsetzen. Allgemeine Informationen über den Gegner, über die Wichtigkeit des Spiels, besondere Platzanlage usw. sollten schon beim letzten Training besprochen und vermittelt worden sein. Diese Sachverhalte lösen nur unnötige Nervosität aus. Der Trainer oder die Trainerin sollte den Spielern Mut machen und noch einmal ihre Aufgaben auf den einzelnen Positionen ansprechen wie z.B. zu den Stürmern: „Sucht den Zweikampf, die Innenverteidiger sind relativ unbeweglich". Oder zu einem Außenverteidiger mit hoher Schnelligkeit:"Biete dich beim Abstoß an der Außenlinie an und habe auch mal den Mut, diese entlang zu dribbeln." Auch kann jeder Spieler an die wichtigsten Aufgaben seiner Spielposition erinnert werden. Danach wird die Gruppen- und Mannschaftstaktik noch einmal verdeutlicht, die aus der letzten Trainingswoche umgesetzt werden soll (z.B. Verschieben der Viererkette, Abseitsfalle bei Senioren oder Umschalten von Abwehr auf Angriff usw.).
Im Anschluss an diese Besprechung erfolgt die Aufwärmphase vor dem Wettspiel. Kurz vor dem Anpfiff sollte der Trainer oder die Trainerin die Spieler noch einmal

Kabinenansprache

sammeln und ein bis zwei Minuten motivierend zu den Spielern sprechen.

Halbzeitansprache

Die Halbzeitansprache ist relativ leicht zu halten. Sie dauert etwa 5 Minuten, da die Spieler erst einmal langsam in die Kabine gehen. Hier sollten sie noch einmal 2 bis 3 Minuten verschnaufen. Erst dann kommt die kurze Ansprache. Das Wichtigste ist, die Spieler optimal für die zweite Halbzeit zu motivieren. Der größte Fehler den ein Trainer/in hierbei machen kann, ist es einen Spieler persönlich zur „Schnecke" zu machen. Im Extremfall verlässt ein sensibler Spieler die Mannschaft oder sogar den Verein. Negative Kritik immer sachlich an die ganze Mannschaft richten, Lob kann auch an Einzelspieler geübt werden.

Hier ein Beispiel für eine chronologische Abfolge einer Halbzeitanspracheansprache:

° Was lief hervorragend oder gut?

° Was lief weniger gut oder schlecht?

° Wie sieht der Trainer oder die Trainerin den Gegner?

° Gemeinsame Taktik für die zweite Halbzeit festlegen?

° Die Spieler motivieren?

Sanktionen

Häufig werden in der Kreisliga Strafenkataloge eingeführt. Diese möglichen Sanktionen dienen der Durchsetzung vorher festgelegter Mannschaftsregeln und sollen zu mehr Disziplin führen.

Ein der Mannschaft oder dem Verein schädigendes Verhalten wird oft mit der Zahlung kleinerer Beträge in die Mannschaftskasse bestraft. Ein positiver Aspekt in Bezug auf die Disziplin ist oft erkennbar.

Sanktionen sollten aber auch anders aussehen wie Trikotwäsche, ein paar Liegestütze bei sehr kleinen Vergehen oder Spende von einem Kasten Bier (bitte aber nicht im Jugendbereich).

Nachteile von finanziellen Sanktionen

Viele Spieler werden sich fragen, ich bezahle schon Beitrag und jetzt soll ich auch noch für kleinere Vergehen Geld in die Mannschaftskasse einzahlen. Hallo, Amateurfußball ist nur meine Freizeitbeschäftigung, ich investiere Zeit und Geld in Form von Beitrag und soll jetzt noch zusätzlich zahlen.

Hinzu kommt, dass der „Schatzmeister" ständig dem Geld der Sanktionen hinterherlaufen muss und oft das entsprechende Geld erst sehr spät oder gar nicht bekommt. Eine schlechte Stimmung in der Mannschaft kann die Folge sein.

Es hat auch schon „Schatzmeister" gegeben, die die Bilanzen gefälscht haben, um sich zu bereichern.

Sanktionen

Also es besteht auch eine Verführung zur Unterschlagung, besonders wenn die Mannschaftskasse einen relativ hohen Betrag aufweist.

Die Mannschaftskasse kann auch durch Spenden von „außen" und einem sehr kleinen monatlichen Betrag der Spieler erfolgen.

In fast jeder Mannschaft gibt es Spieler, die sich nicht immer an Vereinbarungen halten. Sie fehlen unentschuldigt beim Training, führen Trainingsübungen nur halbherzig durch oder erscheinen übermüdet und halbtrunken zum Wettspiel. Diese Spieler mögen die kleinen Geldsanktionen und deren Geldeintreiber natürlich überhaupt nicht. Die Stimmung in der Mannschaft kann kippen.

In einem persönlichen Gespräch zwischen Coach und Spieler kann die Angelegenheit oft besser geklärt werden.

Wir dürfen auch nicht vergessen, dass es sehr wohlhabende Spieler gibt, denen Geldsanktionen vollkommen egal sind. Hier wird keine Disziplin gefördert. Sportliche Strafen würden hier einen besseren Zweck erfüllen.

Vorteile von finanziellen Sanktionen

Mit dem Strafenkatalog sind die Strafen vollkommen vereinheitlicht. Der Trainer oder die Trainerin muss durch die festgelegten Strafen nicht mehr in jedes kleine „Vergehen" eingreifen.

Alle Spieler müssen sich an die gleichen Regularien halten und ein Antipathie gegenüber kann sich dadurch nicht entwickeln.

Die kleinen Geldsanktionen können Spieler durchaus zu mehr

Sanktionen

Disziplin bewegen und vermittelt ihnen mit der Zeit Basisregeln für ein harmonisches Mannschaftsgefüge.
Weiterhin wird die Mannschaftskasse neben freiwilligen Beiträgen und Spenden schneller aufgefüllt. Es bringt mehr Geld für gemeinsames Feiern oder Reisen ein.

Vermeidung von Geldsanktionen?

Jede Fußballmannschaft braucht Disziplin, auch in der Kreisliga D, sonst bleibt jeglicher Erfolg und auch der Spaß an der Sache aus. Oft arbeiten Trainer/in mit einem perfekten Strafkatalog, jedes Vergehen wird geahndet, in den oberen Amateurklassen und im Profibereich über Geldsanktionen wohl ein probates Mittel. In den unteren und mittleren Amateurklassen ist das aber ein Mittel, das nach unserer Meinung eher nicht geeignet ist. Die Spieler bekommen wenig oder gar kein Geld für ihre Leistung. Trotzdem kann ein Strafenkatalog aufgestellt werden. Es folgt ein Beispiel dafür.

Unnötige Rote Karte wegen Tätlichkeit oder eine unnötige Karte wegen Meckerns:
Der betreffende Spieler putzt nach dem nächsten Training die Schuhe aller Spieler.

Ein Spieler kommt häufiger zu spät oder gar nicht zum Training:
Der betreffende Spieler wird erst zur zweiten Halbzeit eingewechselt.

Sanktionen

Ein Spieler kommt unentschuldigt zu spät zum Wettspiel:
Auch hier darf er erst einmal auf der Bank Platz nehmen.

Das Handy eines Spielers klingelt in der Kabine während der Halbzeitansprache:
Der betreffende Spieler macht beim nächsten Training ein Konditionstraining anstatt eines Abschlussspiels.

Sanktionen, die einen Spieler lächerlich machen, sollten unterlassen werden, wie vor der gesamten Mannschaft ein Lied singen oder ein T-Shirt tragen (während des Trainings) mit der Aufschrift „ich schäme mich" usw.

Schlusswort

Die wichtigsten Aspekte für den Aufstieg aus oder innerhalb der Kreisligen sind also zusammengefasst:

° Beherrschung bestimmter Grundtechniken im "Schlaf"

° Höhere konditionelle Fähigkeiten als die anderen Mannschaften in meiner Gruppe

° Optimales Verhältnis zwischen Spielern und Trainer/in

 # Literaturverzeichnis

Claßen, M. / Schnepper, W.:
Taktiktraining im Jugendfußball
BOD 2011

Claßen, M. / Schnepper, W.:
Taktiktraining im Jugendfußball 2
BOD 2012

Claßen, M. / Schnepper, W.:
Pressing mit System
BOD 2012

Schnepper, W.:
Fußballtrainer - Optimaler Weg zum perfekten Coach
BOD 2019

Schnepper, W.:
Fußballtrainer - Psychologie und Basiswissen
BOD 2019

Schnepper, W. / Claßen, M.:
Konter im Fußball
BOD 2013

Notizen